しくみ図解

耐震・制震・免震が一番わかる

現在の建築物で重要視される地震対策をまんべんなく解説

髙山峯夫
田村和夫
池田芳樹
共著

技術評論社

はじめに

　我が国の耐震構造の始まりを、1891年の濃尾地震からだとすれば、耐震研究はすでに120年の歴史があります。この間、耐震技術はさまざまな震災を経験して発展してきています。免震構造は1983年に積層ゴムを使った建物が完成してから約30年が経過しました。免震構造は急速に発展し、いくつかの震災で免震効果が確認されてきています。制震構造もほぼ同じ年代から実用化がはかられました。免震・制震構造は、大地震時にも建物の損傷をできるだけ小さくし、室内の安全を確保し、資産を守ろうとするものです。

　2011年3月11日に東北地方から関東地方にかけて大きな揺れと津波被害をもたらした東北地方太平洋沖地震（東日本大震災）が発生しました。この地震による死者・行方不明者は、2万人以上で、10万棟以上の建物が大破しました。今回の地震では、マグニチュードが9.0と最大で、被災地が広範囲に及ぶこと、津波による被害と復興などが大きな課題となりました。これまでの地震被害と同様に古い建物の被害率が高く、古い建物の耐震性向上も求められています。一方で、免震構造は地震に対する性能を十分発揮したと報告されています。しかし、東海・東南海・南海地震が発生した場合には、最悪のケースとしてより甚大な被害も予測されています。一般市民にとっても耐震・制震・免震構造の正しい知識がますます重要になってきています。

　建物の地震時の性能として人命保護が最低限求められますが、オフィス建築では事業継続性や速やかな事業再開、さらには病院などの防災拠点では機能性の維持も求められるようになっています。もちろん資産の保全などのために、建物の被害をできるだけ小さくしたいという要求も当然あるでしょう。このような社会的要求の変化を背景に、免震・制震構造が多く採用されてきています。ただ、我が国で建設される建物棟数に対する免震・制震構造の採用数はまだまだ少ないのが現状です。

　本書では、耐震・制震・免震構造をできるだけわかりやすく説明しています。それぞれの構造の特徴だけでなく、地震の起こり方やその特性、地震による建物の揺れ方から設計についても記述しています。我が国における（広い意味での）耐震建築のしくみから設計までを網羅的に学ぶことができるように考えて本書を構成しました。本書が耐震建築の正しい理解と発展につながることを期待しています。

　　　　　　　　　　　　　　2012年9月　執筆者を代表して　髙山峯夫

耐震・制震・免震が一番わかる
——現在の建築物で重要視される地震対策をまんべんなく解説——

目次

はじめに …………… 3

第1章　地震と地震動 …………… 9

1　地震はなぜ起きる？　…………… 10
2　日本周辺で発生する地震のタイプ　…………… 14
3　マグニチュードと震度階　…………… 16
4　地震波の性質と種類　…………… 18
5　地震動の強さ　…………… 20
6　距離減衰と長周期地震動　…………… 22
7　地震ハザードマップ　…………… 24
8　地形と地震動　…………… 26
9　表層地盤の地震動増幅　…………… 28

CONTENTS

**地震と建築**……………31

1 地震と建物の耐震……………32
2 建物の三つの地震対策……………36
3 建物の構造設計と耐震……………38
4 耐震性能目標の考え方……………40
5 耐震設計に用いる地震力……………42
6 設計用地震力の設定法……………44
7 耐震設計からみた構造計画……………46
8 骨組みの強度と変形能力……………48
9 建物の揺れ方……………50
10 地震時の建物の揺れ方……………52
11 応答スペクトル……………54
12 エネルギースペクトル……………56
13 室内の安全性……………58
14 建物のコストの考え方……………60
15 地盤の性質と基礎構造……………62
16 建物と地盤の相互作用……………64

第3章 耐震構造 ……………67

1　耐震のしくみ ……………68
2　耐震構造の方式 ……………70
3　構造種別と特徴 ……………72
4　木質構造のしくみ ……………74
5　鉄筋コンクリート構造のしくみ ……………76
6　鋼構造のしくみ ……………80
7　耐震診断と耐震改修 ……………84
8　超高層建物の構造 ……………88

第4章 制震構造 ……………93

1　制震のしくみ ……………94
2　制震の駆動エネルギーによる分類 ……………98
3　制震の制御力作用点による分類 ……………100
4　マスダンパーの原理 ……………102
5　マスダンパーの効果 ……………104
6　アクティブマスダンパーの実例 ……………106
7　パッシブ制震の原理 ……………108

CONTENTS

- 8 パッシブ制震の実例　……………110
- 9 セミアクティブ制震の原理　……………112
- 10 セミアクティブ制震の実例　……………114
- 11 制震装置の取付方法と維持管理　……………116
- 12 制震建物の振動解析　……………118
- 13 東北地方太平洋沖地震時のパッシブ制震の効果　……………120

第5章　免震構造　……………123

- 1 免震のしくみ　……………124
- 2 積層ゴムの開発　……………128
- 3 多様な積層ゴムの開発と適用　……………130
- 4 積層ゴムは鉄よりも強い　……………132
- 5 アイソレータの役割と種類　……………134
- 6 ダンパーの役割と種類　……………140
- 7 免震建物の地震時挙動　……………144
- 8 基礎免震と中間階免震　……………146
- 9 免震建物の設計①　上部構造　……………148
- 10 免震建物の設計②　応答予測　……………150
- 11 実建物での地震観測　……………152

CONTENTS

- 12 戸建て免震 …………154
- 13 超高層免震 …………156
- 14 3次元免震 …………158
- 15 免震レトロフィット …………160
- 16 終局安全性 …………162
- 17 施工と維持管理 …………164
- 18 津波と免震 …………168

 コラム｜目次

地震予知と緊急地震速報 …………30

実大三次元震動破壊実験施設（E-ディフェンス） …………66

五重塔について …………92

柔剛論争 …………122

第1章

地震と地震動

地震はどのようなメカニズムで起こっているのでしょう？
1章では、地震の起こりかた、地震の強さ・伝わりかた、
地形と地震の関係など、地震の基礎知識を解説します。

1-1 地震はなぜ起きる？

●プレートの動き

　私たちが暮らしている地球の表面は大小さまざまなプレートで覆われています。プレートの厚さは場所によって異なりますが、数km～100km程度です。地球の半径が約6400kmですから、もし地球が直径1mだとすれば、プレートは厚いところでも8mm程度しかありません。

　1960年代に登場したプレートテクトニクス論で、プレートの動きと地震発生の関係を説明できます。プレートは、地球内部のマントルの熱対流によって海嶺からわき上がり、生成されて、別のプレートとの境界である海溝へ沈み込んで地球内部に戻ります（図1-1-1）。地震が多発する地域は、世界的に見ると狭い地域に限られており、巨大なプレートの境界部分に集中しています。日本や北アメリカ西海岸など太平洋の周囲には環太平洋地震帯があり、世界で最も地震活動の活発な地域です。

　特に日本の周辺には、太平洋プレート、フィリピン海プレート、ユーラシアプレート、そして北米プレートがひしめき合い、世界でもまれな地震多発地帯となっています（図1-1-2）。海を載せているプレートは陸のプレートよりも重いため、2つのプレートの境界では、海のプレートが陸のプレートの下にもぐり込んでいきます。

　太平洋プレートは、ほぼ東南東の方向から年間約8cmの速さで日本列島に近づいています。日本海溝や千島海溝は、太平洋プレートが日本の下にもぐり込んで深い溝状の地形を形づくっています。フィリピン海プレートは、ほぼ南東の方向から年間3～7cm程度の速さで日本列島に近づき、南海トラフ、相模トラフから日本の下にもぐり込んでいます（トラフとは、海溝ほど深くはない海中の溝状の地形）。伊豆半島は、フィリピン海プレートに載って日本列島に近づき、陸地とぶつかって一体となりました。富士山や丹沢山塊周辺で複雑な地下構造を形成しています。

図 1-1-1　プレートテクトニクス

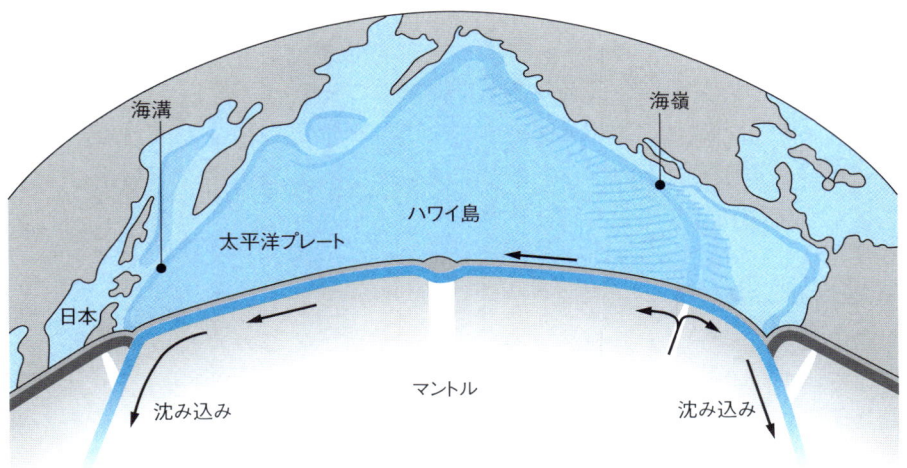

プレートテクトニクスとは、地球表面のプレートが、
対流するマントルに載って動いていることをいう。

図 1-1-2　日本列島と周辺のプレート

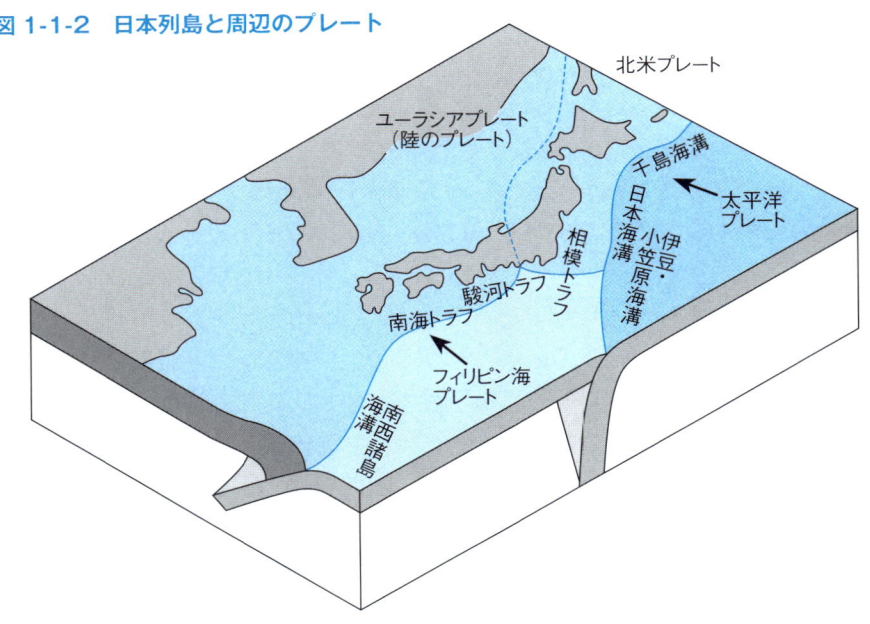

●地震と地震動

「地震」とは、地殻に蓄えられたひずみエネルギーが、短い時間に解放され、地震の波となって地中を伝わり地面を揺らすことをいいます。そして、地震によって生じた地面（地盤）の揺れを「地震動」といいます。「地震」という言葉は、地面や建物の揺れを指して使われる場合もありますが、「地震動」と区別して使われることもあります。

●地震とプレート

沈み込むプレートと陸側のプレートの境界は、岩盤の大きな境界であり、プレートどうしの間で圧縮力が働き、大規模な地震が発生します。日本列島周辺では、非常に規模の大きい地震が起こっており、津波などの大被害をもたらすことも多いです。2011年の東北地方太平洋沖地震では、マグニチュード9.0という巨大地震が発生しました。図1-1-3に、世界で発生する地震の震源を示します。日本列島周辺は、世界的にみても大変多くの地震が発生している地域であることがわかります。

陸地側では、プレート境界から少し離れた場所で陸域の浅い地震が発生します。これはプレート運動によって日本列島に大きな力が発生し、それにより日本列島内部にある断層が破壊されることで起こります。プレート間で発生する巨大地震に比べると規模は小さいものの、都市の直下などで発生すると狭い領域に大きな被害を発生させます。1995年の兵庫県南部地震では、震災の帯といわれるような狭い地域に被害が集中しました。

●地震を引き起こす活断層

地震を起こした断層を震源断層と呼びます。一度破壊された断層は、時間とともにもとのように固着して回復します。そして、再び地殻中にエネルギーが蓄積され、それが限界に達したときには同じ所が破壊されて地震が発生します。この断層の傷痕が地表に表れたものを断層線（地表地震断層）といいますが、地表に表れない伏在断層もあります。

地震を引き起こす可能性のある断層を活断層と呼びます（図1-1-4）。活断層は、これまでに地震を引き起こしてきた傷痕であり、今後も地震を起こす

可能性のある断層です。日本の活断層は、全国の活断層研究者が作成した「新編日本の活断層」（活断層研究会編、東京大学出版会）によって公表されています。

図1-1-3　世界の地震分布図（M≧4.0、深さ100km以下）

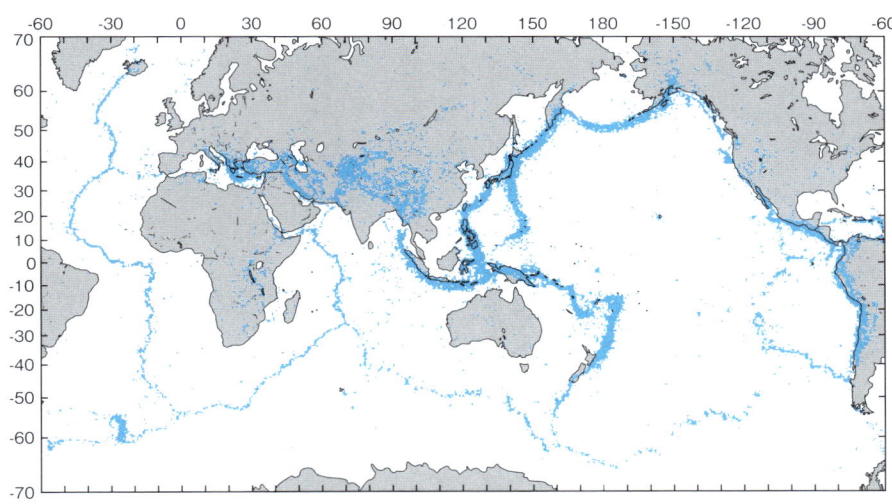

ほとんどの地震は、プレートの境界もしくはそこから少し離れた場所で起こっている。

（「平成24年 理科年表」より）

図1-1-4　活断層

兵庫県南部地震で現れた活断層。　　　　　　　　　　　（提供：北淡震災記念公園）

1-2 日本周辺で発生する地震のタイプ

●プレート間地震

　日本列島とその周辺で発生する地震のタイプを模式的に図1-2-1に示します。プレート境界やそのごく近くで発生する地震には、プレートの沈み込みによるプレート間地震（プレート境界型地震）と、沈み込むプレート内部での地震があります。プレート間地震は、プレートの沈み込みによって陸側のプレートの端が引きずり込まれ、やがてそれが限界に達したときに陸側のプレートが跳ね上がり、プレート境界の断層がずれて発生します。太平洋プレートやフィリピン海プレートが沈み込む場所では、プレート境界に沿ってマグニチュード8程度の規模の大きな地震が発生することがあり、海底の隆起や沈降によって津波が発生することもあります。

　プレート境界の一部で、断層面でのズレがゆっくりと起こった場合にも、それによる海底での地殻変動（隆起と沈降）で津波が発生することがあります。この場合、ズレがゆっくりと起こるため、生じる地震波は比較的小さいものの、断層運動の規模（ズレの量と広さ）が大きければ大きな津波が発生します。このように通常の地震から予想されるよりも、はるかに大きな津波を引き起こす地震を「津波地震」といいます。

●プレート内部の地震

　プレート内部の地震は、沈み込みにともなってプレート内に蓄積されたひずみが限界となって発生します。比較的浅いところで発生する場合と、ある程度深い場合とがあり、被害をともなう地震も発生しています。

　日本列島の陸域では、阪神・淡路大震災を引き起こしたような大きな地震が発生することがあります。日本列島の地下には、一般に東西方向ないし北西－南東方向の強い圧縮の力がかかっています。そのため、このような地震が発生します。これまでの研究で、地震を発生させるような硬さをもつ岩盤が存在するのは、陸域ではせいぜい地下15〜20km程度の深さまでで、そ

れより深いところでは岩盤に力がかかっても急激な破壊は起こらず、ゆっくりと変形してしまうと考えられています。

陸域で発生する地震は震源が浅いため、断層運動が地表面まで達して、地表にズレが生じることが多くなります。過去に活動を繰り返し、今後も活動する可能性がある断層を活断層と呼んでいます。活断層は、過去の地震にともなうズレの累積により、もともとひと続きだった地形が不連続になるなどの独特の地形を形成します。このような地形を手掛かりにして、活断層を見出したり、その活動度を推定したりすることができます。

図1-2-1　地震のタイプ

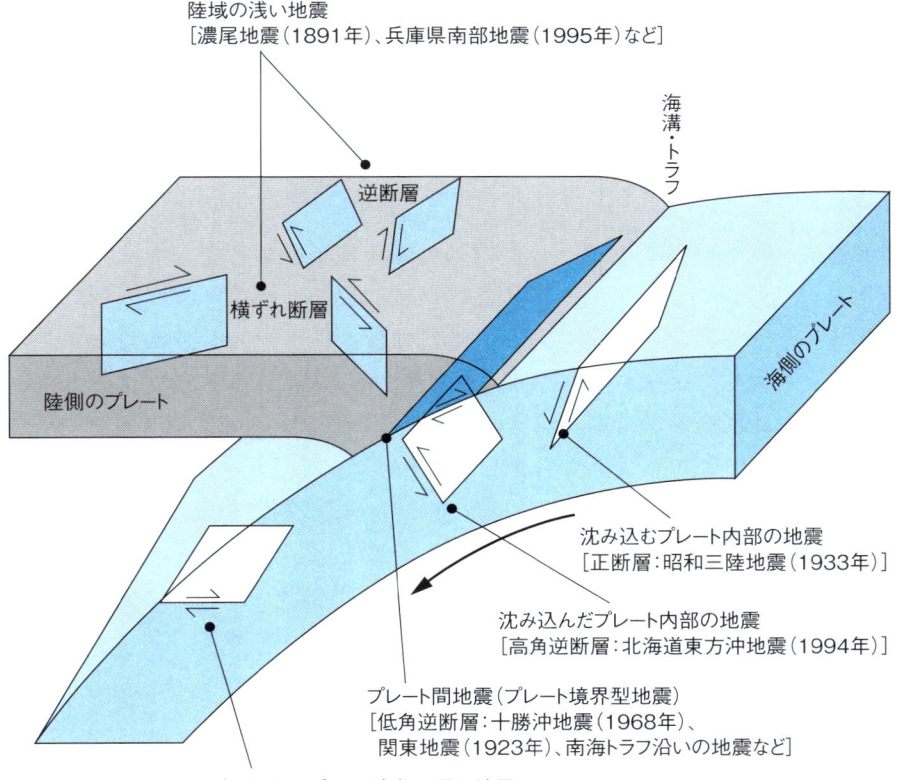

(地震調査研究推進本部「日本の地震活動」より)

1-3 マグニチュードと震度階

●マグニチュード

　マグニチュードは地震の規模を表す尺度で、地震のエネルギーと対応しています。マグニチュードが1大きくなると、エネルギーは約32倍になり、2大きくなるとエネルギーは約1000倍になります。

　マグニチュードを決めるには各地で観測された地震波を使いますが、使用する地震波により、表面波マグニチュード Ms、実体波マグニチュード Mb などと区別されます。日本では、気象庁が独自の方法でマグニチュードを決めています。気象庁マグニチュード Mj は、気象庁で使用している地震計の特性を考慮し、世界的に発表されるマグニチュードとできるだけ一致するよう工夫しています。浅い地震では Ms、深い地震では Mb に一致するといわれます。

　各種のマグニチュードは、地震計の周期特性などを考慮して決められていますが、地震の規模によって相互に系統的なズレが生じます。特にマグニチュードが8を超えるような巨大地震では、地震の大きさの割にマグニチュードが大きくならず「頭打ち」となります。そこで地震モーメント（断層面を境に断層を動かすように働いた力の大きさ）から求めたモーメント・マグニチュード Mw が考案されました。地震モーメントは、断層面の面積（長さ×幅）と変位の平均量、それに断層付近の地殻の剛性から算出するもので、まさに断層運動の規模そのものを表しています。気象庁では、2011年の東北地方太平洋沖地震に対して、気象庁マグニチュード（Mj8.4）に加え、モーメント・マグニチュードの計算値（Mw9.0）を使っています。

●震度階

　地震の大きさを表すマグニチュードに対して、震度はある地点の地震動の強さの程度を表します。一般的に震央に近いほど震度は大きく、岩盤など硬質な地盤よりも軟弱な地盤で大きくなります。現在、気象庁では震度を震度

計によって決めています。従来は建物や室内の揺れ方などを参考にして、震度階を決めていましたが、体感が中心であり主観的な判断となりがちなこと、震度のデータがすぐに集約できず防災に役立てにくいということから、1996年より震度計によって震度（計測震度）を自動的に算出するようになっています。計測震度は 0.5 ～ 6.5 までの数値で算出されます（表 1-3-1）。

表 1-3-1　計測震度と実際の現象や被害

計測震度	震度階級	人間	屋内の状況	屋外の状況
0.5 未満	0	揺れを感じない		
0.5 以上 1.5 未満	1	屋内にいる人の一部が、わずかな揺れを感じる		
1.5 以上 2.5 未満	2	屋内にいる人の多くが、揺れを感じる。眠っている人の一部が、目を覚ます	電灯などの吊り下げ物が、わずかに揺れる	
2.5 以上 3.5 未満	3	屋内にいる人のほとんどが、揺れを感じる。恐怖感を覚える人もいる	棚にある食器類が、音を立てることがある	電線が少し揺れる
3.5 以上 4.5 未満	4	かなりの恐怖感があり、一部の人は、身の安全を図ろうとする。眠っている人のほとんどが、目を覚ます	吊り下げ物は大きく揺れ、棚にある食器類は音を立てる。座りの悪い置物が倒れることがある	電線が大きく揺れる。歩いている人も揺れを感じる。自動車を運転していて、揺れに気付く人がいる
4.5 以上 5.0 未満	5 弱	多くの人が、身の安全を図ろうとする。一部の人は、行動に支障を生じる	吊り下げ物は激しく揺れ、棚にある食器類、書棚の本が落ちることがある。座りの悪い置物の多くが倒れ、家具が移動することがある	窓ガラスが割れて落ちることがある。電柱が揺れるのがわかる。補強されていないブロック塀が崩れることがある
5.0 以上 5.5 未満	5 強	非常な恐怖を感じる。多くの人が行動に支障を感じる	棚にある食器類、書棚の本の多くが落ちる。タンスなど重い家具が倒れることがある。変形によりドアが開かなくなることがある	補強されていないブロック塀の多くが崩れる。多くの墓石が倒れる。自動車の運転が困難となり、停止する車が多い
5.5 以上 6.0 未満	6 弱	立っていることが困難になる	固定していない重い家具の多くが移動、転倒する。開かなくなるドアが多い	かなりの建物で、壁のタイルや窓ガラスが破損、落下する
6.0 以上 6.5 未満	6 強	立っていることができず、はわないと動くことができない	固定していない重い家具のほとんどが移動、転倒する。戸が外れて飛ぶことがある	多くの建物で、壁のタイルや窓ガラスが破損、落下する。補強されていないブロック塀のほとんどが崩れる
6.5 以上	7	揺れにほんろうされ、自分の意志で行動できない	ほとんどの家具が大きく移動し、飛ぶものもある	ほとんどの建物で、壁のタイルや窓ガラスが破損、落下する。補強されているブロック塀も破損するものがある

（気象庁の資料をもとに作成）

1-4 地震波の性質と種類

●実体波と表面波

　地震のとき、岩盤がずれ動くことで地中に振動が生じ、周囲に波として伝わっていきます（図 1-4-1）。この波を地震波といいます。地震波が地表に到達し、地面が揺り動かされることで地震の揺れ（地震動）を感じます。

　地震波は、地中を伝わる実体波と地表面を伝わる表面波に分けられます。実体波は、さらに縦波（P 波、Primary Wave）と横波（S 波、Secondary Wave）に分けられます（図 1-4-2）。縦波は粗密波とも呼ばれ、波が伝わる物質の粒子が波の進行方向に振動しながら伝わります。横波は粒子が進行方向に直交する方向に振動します。地震の際、最初に到達する縦波（横波よりも約 1.7 倍速い）は、上下動をともなった短い周期の地震動として体感されることが多く、初期微動とも呼ばれます。横波は縦波よりも伝わるのが遅いものの、大きな横揺れをもたらし、地震の主要動とも呼ばれます。

　表面波（Surface Wave）はその名のとおり地球の表面に沿って伝わります。池に石を落としたときに水面にできる波のように、地表面を伝わっていきます。表面波の伝わる速さは横波より遅いため、地震の主要動が終わった後に、ゆっくりとした揺れが長時間続くこともあります。

　関東平野や大阪平野などの大平野では、地震によって堆積層の表面波が励起され、周期 2 〜 10 数秒の「やや長周期地震動」が卓越して観測されることがあります。高層建物やタンクの内容液の振動（スロッシング）などの地震応答問題では、「やや長周期地震動」が注目されています。

●前震・本震・余震

　一般に地震が発生すると、その地震が発生した場所で、それより小さい地震が多数発生します。最初の地震を本震、それに続く小さな地震を余震といいます。余震の回数は本震の直後に多く、時間とともに減少していきます。余震の規模は、本震のマグニチュードより 1 程度以上小さいことが多いです

が、本震の規模が大きい場合には余震でも被害がでることもあります。

　本震が発生するより前に、本震の震源域となる領域で地震が発生することがあります。これを前震といいますが、本震が発生する前に、ある地震が前震であるかどうかを判断することは現状では困難です。

　なお、前震・本震・余震の区別がはっきりせず、ある地域に集中的に多数発生する地震群を群発地震と呼ぶことがあります。

図 1-4-1　地震波の伝わり方

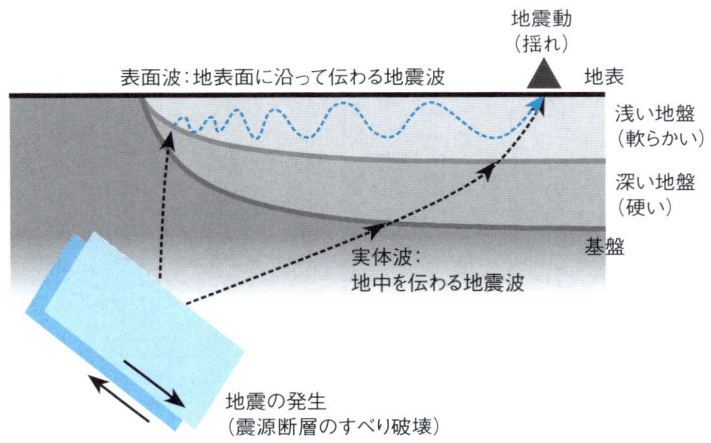

図 1-4-2　縦波と横波

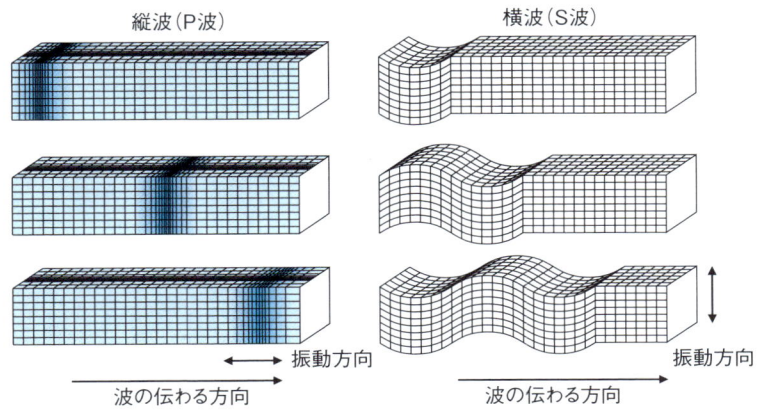

1-5 地震動の強さ

●地震動の波形の種類

　地震動の波形は地震計によって観測され、記録されます。地震計の種類によって、加速度で記録したり、速度あるいは変位の時系列波形として記録されたりします。加速度の単位には cm/s² を用います。また、gal（ガル）を用いることもあります。980cm/s² が 1G（G は重力加速度）であるため、加速度の最大値を 0.5G などのように重力加速度を用いて示すこともあります。速度の単位は cm/s ですが、我が国では kine（カイン）ということもあります。

　図 1-5-1 に観測された加速度波形を示します。図の (a) は 1940 年に米国で記録された加速度波形、(b) は 1993 年の釧路地震、そして (c) は 1995 年の兵庫県南部地震の際の神戸海洋気象台での観測波形です。最大加速度の値も波形の形（継続時間）もまったく異なっています。もちろん同じ地震でも、観測される場所によって地震波形は異なります。震源からの距離や地盤の特性などの影響を受けるからです。

●地震動の強さを決める要因

　観測された加速度の大きさが、建物の被害に直接結びつくわけではありません。例えば、止まっている状態の車のアクセルをいっぱいに踏んで、急発進することを想像してみます。アクセルを踏み続けて（加速度を一定に保って）も最初の一瞬では車はほとんど動いていないし、スピードもゼロに等しい状態です。しかし、加速度を維持して何秒かたつと、車のスピードもアクセルを踏んでからの時間の経過とともにどんどんあがっていきます。そして移動距離も増します。

　車を動かすには、単に加速度が大きいだけではなく、それを持続した時間を乗じた速度（エネルギーといってもよい）が重要となります。ほんの一瞬しか大きな加速度が作用しなければ、建物に大きな影響を与えることはできません。もちろん建物の種類によっては加速度に敏感な場合もあるでしょう

し、波形の振幅は小さくても、揺れが長時間続くことで建物の揺れがだんだんと増幅して、大きな揺れが生じるということもあるかもしれません。

　地震動の強さは、観測された加速度や速度の大きさとその周期成分、そして継続時間などが複雑に関係しています。兵庫県南部地震（1995年）などの観測記録から、建物が崩壊するほどの大きな地震力を生じさせるには、地震波の周期帯域 0.5 〜 2 秒において、最大加速度として 800cm/s^2 以上、最大速度は約 100cm/s 程度が必要という研究成果もあります。

図 1-5-1　観測されたさまざまな地震動波形

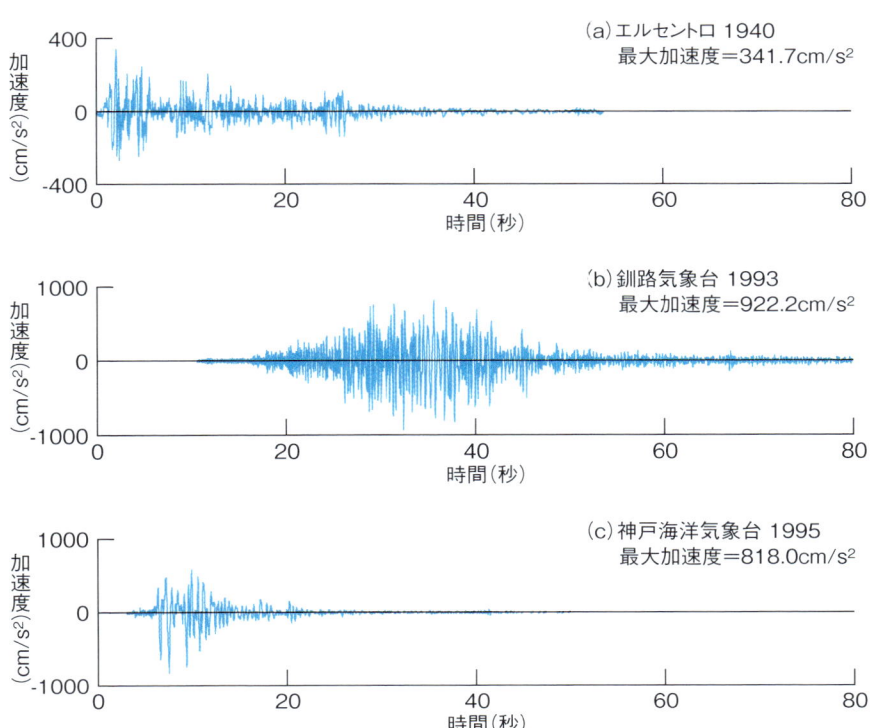

1-6 距離減衰と長周期地震動

●距離減衰

　構造物などに被害を及ぼすマグニチュード6程度以上の地震の断層面は、かなりの大きさがあります。断層面上で最初に破壊が始まった場所を震源といいます。震源の真上の地表の点を震央、地表から震源までの距離が震源深さです。ある地点（観測点）と震源との距離を震源距離、震央との水平距離を震央距離と呼びます（図1-6-1）。断層上では震源から破壊が始まり、その破壊が広がって伝わりますが、地震の規模が大きくなると断層面も大きくなるため、震源距離と観測点から断層面までの最短距離は異なってきます。

　地震のマグニチュード（M）、震源距離または震央距離と地震動の最大振幅の関係を、これまでの数多い観測記録に基づいて経験的に求めることができます。このような関係がわかると、構造物の耐震設計や地震の被害調査などに大変有益な情報となります。実際に観測される地震動の振幅は、震源距離が大きくなるにつれて小さくなります。震源から放出された波動が四方八方に広がり、岩盤や地盤の内部でエネルギーが吸収される（減衰という）ために振幅が小さくなっていきます。これを距離減衰といいます。

●長周期地震動

　地震の揺れには周期があります。また、構造物が揺れやすい周期を固有周期といいます。固有周期は重量が大きくなると長くなるため、超高層建物や大規模橋梁、大型タンクなどのような構造物は長くなります。地震の揺れの周期と構造物の固有周期が同じだと共振現象を起こします。

　従来の耐震設計では、対象とする構造物の固有周期が短かったため、主に約1～2秒より短い周期を問題にしていました。しかし、建物の高層化が進むにつれ、約2～10秒の「やや長周期領域」が重要な課題となってきました。最近では「やや長周期領域」を含めて「長周期地震動」と呼ばれるようになっています。

平野や盆地など硬い岩盤の上に厚い堆積地盤がある場合には、表面波が発生し、長周期地震動が生成されます（図1-6-2）。1985年のメキシコ地震では、震源から離れたメキシコシティの高層ビルに大きな被害を与えました。これは湖を埋めたてたメキシコシティの軟弱な地盤と盆地構造が長周期地震動を大きく励起したものと考えられます。日本でも関東平野や大阪平野などの広大な平野では、規模の大きな地震の際に長周期地震動が観測されることが知られています。堆積層の厚い平野部においては、震源から100km以上離れた場所においても長周期地震動による被害が生じています。

図1-6-1　震源と震央

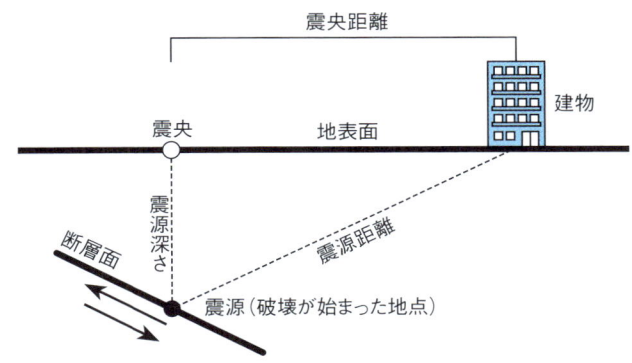

図1-6-2　長周期地震動のイメージ

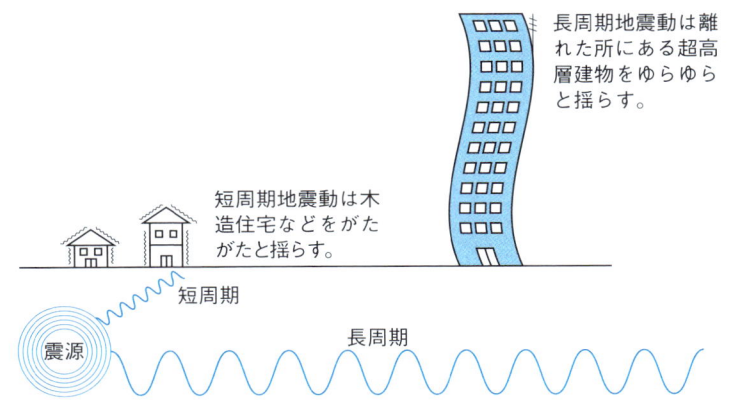

1-7 地震ハザードマップ

●地震危険度

　ある地域が、ある期間に、ある大きさ以上の地震動を受ける頻度または確率を地震危険度と呼びます。地震危険度は、
　①**ある期間の最大地震動強さの期待値**
　②**ある地震動強さの再現期間**
　　（再現期間：ある事象が平均して何年に1度起きるかを表したもの）
　③**ある期間にある地震動強さ以上となる確率**
　　などで表されます。
　地震危険度は、過去に発生した地震の規模（マグニチュード）や、震央の分布データに基づいて、確率統計的に解析するのが一般的です。地震危険度を求めるには、50年、100年、500年など区切りのよい再現期間を設定し、再現期待値を地点（地域）ごとに計算します。歴史地震や過去の地震のデータを用いて地震危険度を求めるには、過去の地震のデータをそのまま用いる場合と、地域ごとに地震発生の確率モデルを仮定して計算する場合があります。また、マグニチュードと震源距離を用いて距離減衰式によって、任意の場所の地震動最大値を計算することで、地震危険度マップを作成することもできます。

●地震ハザード曲線

　過去の地震データを分析してみると、同じ規模の地震がほぼ一定間隔で発生している地域もあれば、平均して1万年に一度起こるような地震もあります。このような地震や活断層のいろいろな種類の情報をすべて活用して、将来の地震動の予測を実施する必要があります。
　地面の揺れを評価する地点において、周辺に考えられるすべての地震を考慮に入れ、その発生場所、発生頻度から揺れを評価します。それらすべてを考慮した地面の揺れが、指定した大きさを超える頻度（超過頻度）を計算し

ます。この超過頻度を確率に読み替えると、1年間に少なくとも1回、ある大きさの揺れ（最大加速度など）を超える確率（年超過確率）の関係を得ることができます。これを地震ハザード曲線といいます（図1-7-1）。

また、政府の地震調査研究推進本部では、今後30年以内に震度6弱以上の地震動が発生する確率などを求めて公開しています（図1-7-2）。

図1-7-1 地震ハザード曲線の例

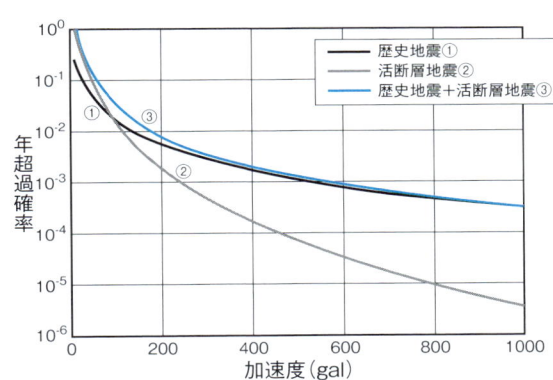

年超過確率を10^{-2}とすると、最大加速度は約200galとなり、年超過確率10^{-3}とすれば最大加速度は約600galとなる。最大加速度がある値を超える確率を求めたいとき、または超過確率が1/100となるときの最大加速度などを予測できる。

図1-7-2 今後30年以内に震度6弱以上の揺れに見舞われる確率

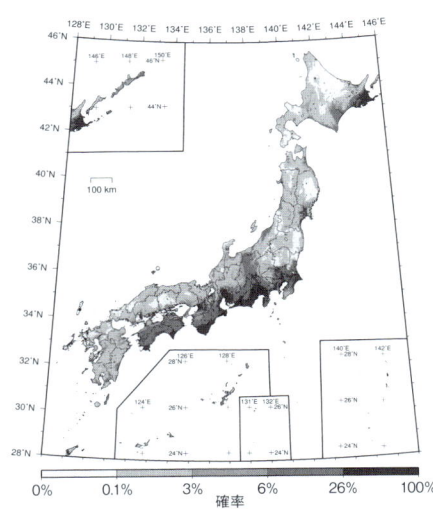

太平洋側の地域では、確率が非常に高くなっている。

（モデル計算条件により確率ゼロのメッシュは白色表示）　　　（提供：地震調査研究推進本部）

地形と地震動

●沖積層と洪積層

　地域を特徴づける自然的要因は、その土地の地形と地盤です。地形と地盤の性質を把握することは、その土地の災害危険度を知ることにつながります。日本の都市の多くは平野に立地しています。この平野は、固い岩ではなく比較的軟らかい土で覆われています。空間的に広く分布した状態の土は地盤と呼ばれますが、日本の平野を覆っている地盤は、大きく沖積層および洪積層に分類されます。

　今から約18,000〜20,000年前以降に、主として河川や海の作用によって形づくられた地盤を沖積層、それ以前に形成された地盤を洪積層と呼びます。河川や海の作用というのは、堆積と浸食をともなうことから、沖積層が地表を覆っている土地は一般に低地であり、洪積層が地表を覆っている土地は低地よりは一段小高い、いわゆる台地ということになります。また、地盤には、形づくられてからの年代が長い（古い）ものほど堅固であり、年代の短い（新しい）ものほど軟弱であるといえます。これによれば、沖積層は軟弱であることが多く、洪積層は沖積層に比べるとより堅固であるといえます。

●地形の影響

　地盤構造の違いによる地震時の揺れの違いのほかに、地形そのものの影響、すなわち崖や堤体、谷などの地形によっても影響を受けます（図1-8-1）。

　例えば、崖地形では地震波が崖の斜面によって全反射するため、崖の近くの地震動は崖から遠く離れた地表に比べて大きくなることが知られています。また、堤体や小山など局部的に盛り上がった地形でも地震動は増幅されます。東北地方太平洋沖地震（2011年）の際に、東北大学工学部の建物が大きな被害を受けました。これは校舎が丘陵地（青葉山）にあり、この地形によって地震動が仙台駅前に比べ2倍程度増幅したことがわかっています。

　兵庫県南部地震（1995年）では、六甲山地と大阪湾に挟まれた東西に細

長い神戸から大阪にいたる地域で大きな被害が発生しました。特に気象庁によって地震後に決められた震度7の地域は、南北約1kmの非常に狭い地域で、「震災の帯」と呼ばれました。これは六甲山地から南側の海に向かって急激に深くなる岩盤とその上に堆積した地盤によって、伝播した地震波がお互い干渉して増幅した結果であると考えられています。

関東平野は一見すると平地ですが、より詳細にみると、樹枝状の細長い谷が台地の奥深くへと入り込む複雑な微地形構造を有しています。この谷地形は一般的には谷戸、谷津、谷地などと呼ばれ、古くから水田として利用されたりしていました。地表からみてもわからない地形による影響で、地震時の揺れは大きく変わってきます。

図 1-8-1　地震動に影響を与える地形

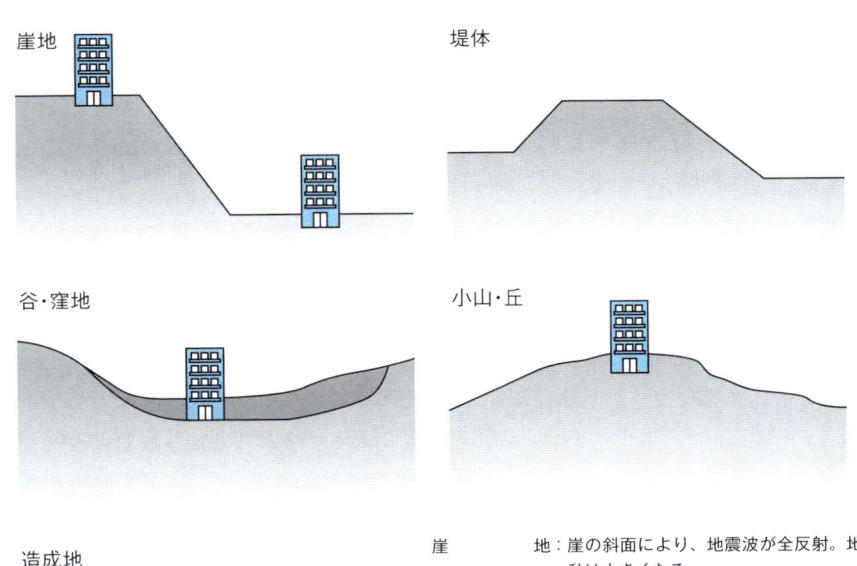

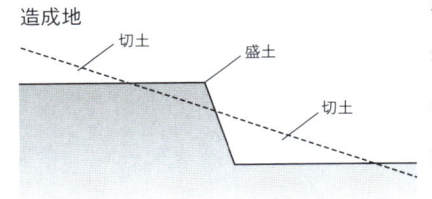

崖　　　　地：崖の斜面により、地震波が全反射。地震動は大きくなる。

堤体・小山・丘：局部的に盛り上がった地形では、地震動が増幅。

谷　・　窪　地：軟らかい地盤、特殊な地形により、地震動が増幅。

造　　成　　地：斜面を切り取って、その土で盛土をして造成した住宅地などでは、盛土部分が十分に締め固められず、地盤沈下や崩壊の危険性がある。

表層地盤の地震動増幅

●地震動の増幅

　地震による被害が、地盤によって顕著に異なることは古くから知られています。例えば、関東地震（1923年）の際、東京の下町の地盤の悪い地域では木造住宅の被害が多く、山の手の地盤の良い地域では土蔵の被害が多かったことが報告されています。これは地盤による地震動の増幅とその周期特性が、構造物の周期との関係で被害の様相を変えたものと考えられています。

　一般に、固い地盤の上に軟らかい地盤が存在するような地層構成の場合、固い地盤から軟らかい地盤へと地震波が伝播するとき、増幅という現象が起こります。すなわち、軟らかい地盤では地震時に揺れが大きくなります。その度合いは、固さ柔らかさの差が大きいほど大きくなります。その土地の地盤が、どのような地層構成になっているかを正確に把握するためには、地盤調査を行うのが基本です。

　硬質な地盤は一般に工学的基盤といい、構造物の支持層とされます。図1-9-1に10階建て建物の地震観測結果を示します。この建物は約50mの長さの杭で支持されています。支持地盤の揺れはすごく小さいですが、地表に近づくにつれ地震動は増幅していきます。これは硬質な地盤から表層地盤に地震波が伝わるなかで、地震波が反射を繰り返す過程で増幅するためです。さらに建物に入った地震波は上層階ほど大きく揺れていることがわかります。

●地形と地盤

　軟弱な沖積層は災害の危険度が高いとされています。地盤が軟らかいために大きな建物を建てると沈下が生じ、また、地震の際には、固い地盤に較べて揺れが大きくなります。これに対して、台地では、表土のすぐ下によく締まった比較的固い地盤が現れるため、大きな建物でも直接支えることができます。地震のときの揺れも沖積低地よりは小さめです。

　このように、地形がわかるとその土地の地盤がわかり、潜在的な災害の危

険度が予測できることになります。しかし、近年の急速な開発により、都市域ではほとんど自然の地形がわからなくなっていることも多いので注意が必要です。

図1-9-1　10階建て建物の地震観測結果

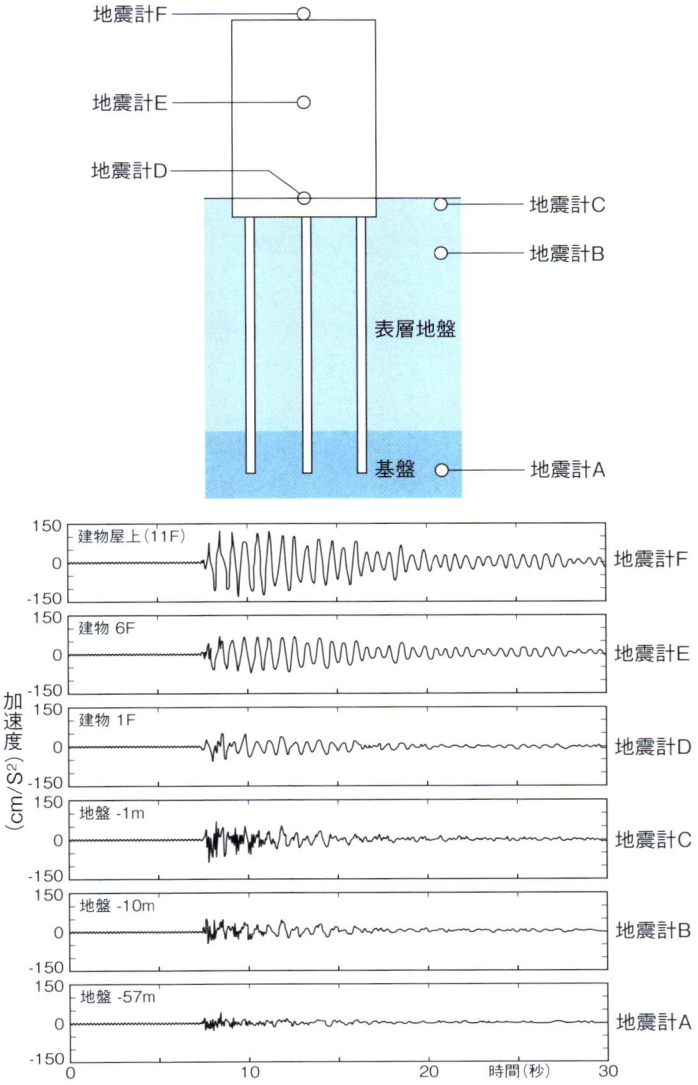

（「建物と地盤の動的相互作用を考慮した応答分析と耐震設計」（一般社団法人日本建築学会）をもとに作成）

❗ 地震予知と緊急地震速報

　地震予知は、地震が発生する時・場所・大きさを精度良く推定することです。小規模の地震は日本のあらゆる地域で頻繁に発生しているため、「今後1年以内に関東地方でマグニチュード4の地震が起こる」という予測は高い確率で当たる一方、情報としての価値がありません。価値をもつためには、「1週間以内に東京直下でマグニチュード7規模の地震が起きる」というように、大地震の発生時期と場所を限定する必要があります。

　1995年の兵庫県南部地震（Mj7.3）では、本震前日の夕刻に明石海峡付近を震源とするMj3.7の地震が発生し、その後も小地震が観測されました。2011年の東北地方太平洋沖地震（Mw9.0）では、本震の2日前にMj7.3の地震が三陸沖で発生しました。しかし、これらが大地震前の前震だったと気付いたのは、本震後でした。前震が断層の一部を破壊したり断層に作用する力の状態を変えたりして、大地震の引き金になると考えられていますが、前震と本震の関連性は科学的に解明できていません。地震予知計画は1965年から国策として続けられましたが、予知できたことはありません。Mw9.0の巨大地震さえも予知できないのが現状で、多くの地震学者は大地震の短期予知は困難と認識しています。地震発生時期を限定するためには、予知したい地域で科学的観測が常時行われている必要があります。現状では駿河湾付近からその沖合を震源とする、Mj8程度の東海地震に予知の可能性が残されているだけですが、これさえも気象庁は精度が高いことを認めていません。

　兵庫県南部地震は、地震が予知できないことを国民に印象付けました。科学技術庁の地震予知推進本部は地震調査研究推進本部へと組織名が変更され、文科省測地学審議会は、1997年の「地震予知計画のレビュー」のなかで、予知の実用化に見通しが立っていないことを認めました。地震の短期予知を前提とする防災計画は無意味であり、信頼性が低い予知情報は社会を混乱させ、経済にも甚大な影響を及ぼします。この認識から、予知に替わる減災手法として緊急地震速報が開発されています。地震発生直後に、震源に近い地震計でとらえた観測データを解析して震源と地震規模を推定し、各地の主要動の到達時刻と震度を予測する地震動の警報です。情報発表から主要動到達までの時間は短く、震源に近い地域で速報が間に合わないことがあります。短時間のデータを使うため、予測震度に誤差が生じることもあります。

第2章

地震と建築

地震は建物に対して、どのように作用するのでしょう?
2章では、地震が建物に及ぼす際のメカニズム、
それに対する建物の抵抗を、構造設計の視点から解説します。

2-1 地震と建物の耐震

●耐震設計のあゆみ

　我が国では古代より多くの地震被害に見舞われてきました。明治以降に西欧の技術を導入しつつ発展してきた建物の構造技術も、数々の震災を教訓として発展してきました（表2-1-1）。

　1891年はマグニチュード8.0の濃尾地震が発生し、木造家屋はもとよりヨーロッパから導入された新しい構造物（れんが造や石造）も大きな被害を受けました。この地震の後、震災予防調査会が設けられ、震災の調査や日本にふさわしい耐震構造のあり方について調査検討が行われました。

　1914年は佐野利器博士が「家屋耐震構造論」を発表します。このなかで、建物の重さに震度（1-3節の震度階とは別のもの）を乗じて求めた水平方向の力を地震力として、建物に作用させて設計を行う震度法を提案しました。震度の大きさについては、関東大震災での被害調査などに基づき0.1～0.3程度とされました。震度法は、建物に地震力を作用させたときに、柱や梁などの構造体にどれくらいの力（応力度という）が生じるかを計算し、これが材料ごとに決められた許容値（許容応力度という）以下であることを確認する手法です。この方法は実務上の取り扱いが簡便なため、基本的な考え方は現在まで踏襲されています。

　関東大震災（1923年）では、横浜、東京など関東南部で建物に大きな被害が生じ、さらに各地で多数の火災も発生し被害を拡大させました。この地震では、れんが造や石造などの建物が大きな被害を受けたのに対し、耐震的な配慮がされた建物の被害は小さくおさえられました。なかでも内藤多仲博士が構造設計をした日本興業銀行ビルはほとんど無被害でした。このことにより耐震設計の重要性、耐震壁や筋かいなどの耐震要素の有効性が認識されました。

　関東大震災の翌年、現在の建築基準法の前身である市街地建築物法が改正され、水平震度0.1以上とする耐震規定が世界で初めて定められました。す

表 2-1-1　日本の主な震災と耐震規定などの変遷

年	地震	法規・規準など	備考
明治 24 (1891)	濃尾地震		れんが造などの被害が大
25 (1892)			震災予防調査会が設立
大正 3 (1914)		「家屋耐震構造論」（佐野利器）	設計震度が提案される
8 (1919)		「市街地建築物法」の公布（1920年施行）	建物の高さは100尺（約31m）以下と定められる
11 (1922)		「架構建築耐震構造論」（内藤多仲）	たわみ角法が紹介される
12 (1923)	関東大地震		建物の被害・火災が甚大
13 (1924)		市街地建築物法の改正	水平震度0.1が導入される
昭和 8 (1933)		鉄筋コンクリート構造計算規準の発表	耐震設計の具体的な計算法が提案される
8 (1933)	三陸地震		津波の被害が大
16 (1941)		鉄骨造計算規準の発表	
19 (1944)	東南海地震		
22 (1947)		日本建築規格3001号	長期・短期の導入、水平震度を0.2以上とする
23 (1948)	福井地震		
25 (1950)		建築基準法の制定	設計震度が改定される
38 (1968)		建築基準法の改正	高さ制限が撤廃される
39 (1964)	新潟地震		液状化による被害が大
43 (1968)	十勝沖地震		短柱にせん断破壊がみられた
45 (1970)		建築基準法施行令の改正（1971年施行）	せん断補強法が強化される
46 (1971)		鉄筋コンクリート構造計算規準の改定	せん断補強法が強化される
53 (1978)	宮城県沖地震		都市型の地震災害を引き起こした
55 (1980)		建築基準法施行令の改正（1981年施行）	新耐震設計法が制定される
58 (1983)	日本海中部地震		
平成 5 (1993)	釧路沖地震		
5 (1993)	北海道南西沖地震		津波の被害が大
7 (1995)	兵庫県南部地震		都市直下型で被害が甚大
12 (2000)		建築基準法施行令の改正	性能規定化をめざし限界耐力計算法の導入、地震力の規定の見直し
12 (2000)	鳥取県西部地震		住宅全壊435、半壊3000以上
16 (2004)	新潟県中越地震		死者68名、震度7、全壊3000以上
19 (2007)	能登半島地震		全壊686棟、半壊1700棟以上
19 (2007)		建築基準法施行令の改正	建築確認・検査の厳格化
19 (2007)	新潟県中越沖地震		死者15名、全壊2331棟、半壊5700棟以上
20 (2008)	岩手・宮城内陸地震		死者17不明6名
23 (2011)	東北地方太平洋沖地震		Mw9.0、津波の被害が甚大

2・地震と建築

なわち建物重量の0.1倍以上の水平力を建物に与えて、これに対して安全なように設計することになったのです。これ以降、大地震の教訓や数々の研究をふまえて法令や設計基準が随時整備され、日本の耐震設計は著しい発展をとげていきます。

終戦後の1947年には、戦時規格を発展させた日本建築規格3001号が制定されました。このとき、地震力の水平震度は0.2以上に引き上げられましたが、許容応力度には長期と短期の2種類が設けられ、短期はこれまでのほぼ2倍に引き上げられました。長期というのは重力に対する設計だけを想定したもので、短期というのは地震時や暴風時などを想定しています。

1964年の新潟地震では液状化による被害が甚大となり、液状化現象が一般に注目されるようになりました。

1968年の十勝沖地震では、鉄筋コンクリート構造物の柱に大きな斜めの亀裂が入り破壊する、いわゆる「せん断破壊」が生じました。この結果、1970〜71年にかけて建築基準法施行令、日本建築学会鉄筋コンクリート構造計算規準のせん断補強法が改められ、特に鉄筋コンクリート造の柱の帯筋に関する規定が強化されました（図2-1-1）。

1960年代以降、コンピュータの著しい発展や強震計による地震記録の蓄積により、地震時の動的な性状に基づいた建物の耐震設計法が発展していきます。また、1963年には法規が改正され、建物の高さを100尺（約31 m）までに規制していた制限が撤廃されました。そのため1970年前後から霞ヶ関ビルなどを初めとする高層建築物が次々と建設されるようになります。

1978年の宮城県沖地震では宮城県を中心に大きな被害が発生しましたが、特に仙台市では水道・電気・通信などの都市機能が麻痺し、都市型の新しい災害として注目されました。

1980年には、広範な耐震設計法の研究成果を基に建築基準法施行令が改正され、翌1981年から施行されました。これがいわゆる「新耐震」と呼ばれている設計法です。新耐震設計法では、地震時の建物の動的な特性を大幅に取り込んでつくられました。この設計基準では、比較的頻度の高い中地震に対する1次設計、およびきわめてまれに起こる大地震に対する2次設計の2段階で構成されています。新耐震では、建物の上層部が大きく揺すられること、建物の高さに応じて作用する地震力が変わることなどが考慮できるよ

うになりました。さらに、1980年代から新しい構造システムとして免震構造や制震構造が登場し、日本の耐震構造は新たな発展をみせています。

　1995年1月17日には兵庫県南部地震（阪神・淡路大震災）が発生し、6,000人を超える多くの方々が亡くなられています。この地震では多くの建物が倒壊したり、中間層で崩壊したりしましたが、新耐震設計法で設計された建物は旧耐震基準で設計された建物よりも被害が少なく、既存建物を現在の基準（新耐震設計法によるもの）による耐震レベルにまで引き上げようとする耐震診断・補強が推進されました。

　2011年3月11日には東北地方太平洋沖地震（東日本大震災）が発生し、津波などにより広域にわたって甚大な被害が生じました。また、各地で多様な被害形態をとり、今後の耐震設計に向けての多くの教訓も残しました。

図2-1-1　鉄筋コンクリート構造の柱・梁の配筋例

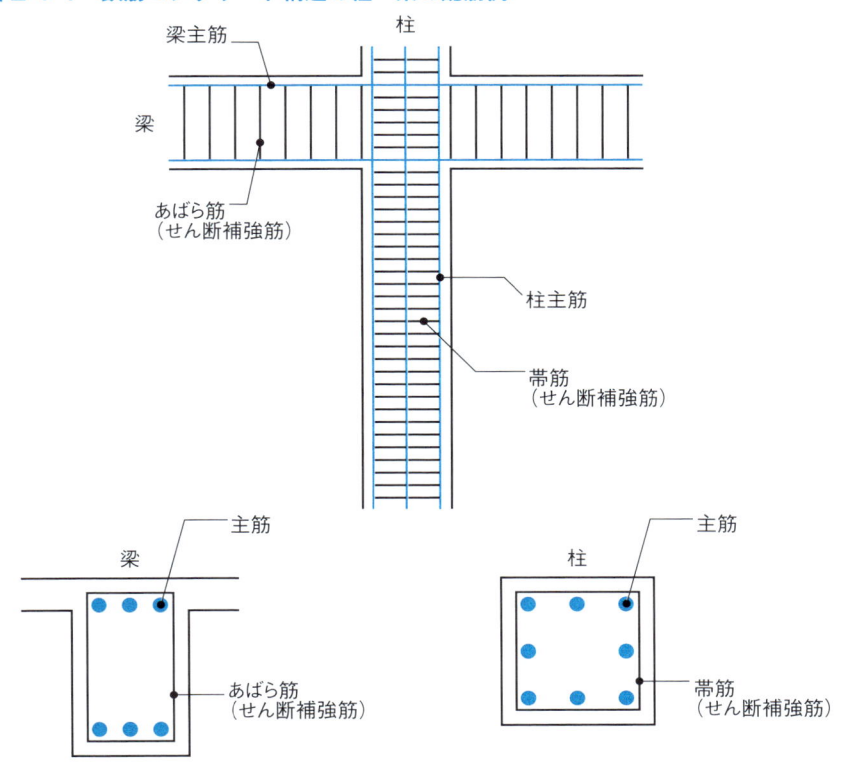

2-2 建物の三つの地震対策

●耐震・免震・制震

　第1章で示しましたが、地震が起きると地面が揺れます。このため地面の上に建っている建物も揺すられます。地面の揺れを地震動と呼びますが、地震動が大きい場合に建物が大きく揺すられ、耐えきれないときには壊れてしまうのです。

　建物の揺れの大きさは、地震動の大きさだけが関係するのではありません。地震動にはいろいろな揺れの成分が混ざっているのですが、その建物を大きく揺する成分が含まれているかどうかも関係します。例えば、中低層の建物はガタガタとした短い周期でよく揺れるので、地震動に短い周期の成分が多く混ざっていると大きく揺れます。逆に超高層建物などでは、短い周期の地震動では大きく揺れませんが、ゆっくりとした長い周期の地震動（長周期地震動）では、地震動と共振して大きく揺れてしまうのです（図2-2-1）。

　建物はこのような地震動や建物自身の性質を考えて、その揺れに耐えるように設計されます。これを「耐震」と呼びます（図2-2-2）。耐震構造のしくみについては第3章で説明しますが、建物の構造体を地震時に作用する地震力に耐える方式と、粘り強く変形できるようにする方式の二つがあります。

　建物の地震対策としては単に耐えるだけではなく、地震時の衝撃力を建物に伝えないようにする方式や、揺れのエネルギーを消費して熱エネルギーに変換することで揺れを低減させようとする方式もあります。前者の方式を「免震」、後者を「制震」と呼びます（図2-2-2）。免震構造では、柔らかく変形するゴムなどを用いた免震装置を建物の下部に設置して、建物の揺れる周期を長くします。地震動では、一般には長周期の成分ほど少なくなるため、このような免震構造にすると地震力が激減するのです。一方、制震構造では建物の中にエネルギーを吸収するさまざまな種類のダンパーと呼ばれる装置を設置することで、建物の揺れを小さくします。免震、制震については、それぞれ第5章、第4章で詳しく説明します。

図 2-2-1　地震動と建物の揺れ

2階建の住宅
5階建のビル

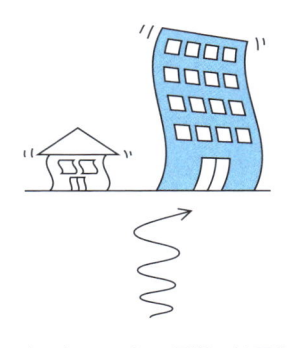

高層ビル

ガタガタとした短い周期の地震動には、中高層の建物がよく揺れる。

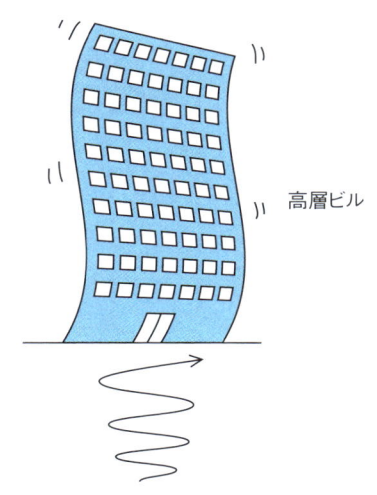

ゆったりとした長周期の揺れには、高層・超高層の建物がよく揺れる。

図 2-2-2　耐震・免震・制震の概念

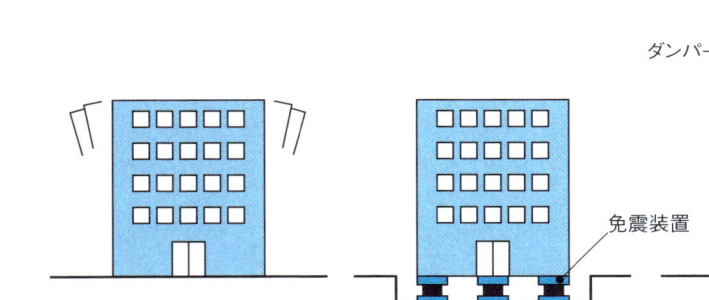

ダンパー

免震装置

耐震構造
揺れに耐える

建物の柱や壁の強度や変形性能（粘り強さ）を高める。建物全体で揺れに耐える。

免震構造
地震から免れる

免震装置によって、建物と地面を切り離し、建物に伝わる揺れのエネルギーを小さくする。

制震構造
揺れのエネルギーを吸収する

建物に揺れのエネルギーを吸収する部材（ダンパー）を入れて、建物の揺れを小さくする。

2・地震と建築

2-3 建物の構造設計と耐震

●建物の耐震性レベル

　現行の建築基準法では、最低限確保すべき耐震性のレベルが示されています。この法で規定されている建物の耐震性レベルとは、中地震では建物が損傷しないようにすること、大地震時には人命を守るようにすることです。

　中地震というのは、震度でいえば「震度5弱程度」といえます。この程度の地震動は建物の存在期間中に数回程度は作用する可能性がある地震力です。このような地震力に対して、仕上げ材などには損傷が発生しても、柱や梁などの骨組み（構造体）は、軽微なひび割れ程度に留めるようにします。

　大地震というのは、震度でいえば「震度6強程度」となります。このような建物存在期間中に作用する可能性のある最大級の地震力に対しては、人命を守ることを最低限の性能としています。人命を守るというのは、地震で建物の下敷きになり、圧死したりするのを防ぐという意味です。そのために、建物の重さを支える柱が折れたりして、建物が倒壊しないようにします（図2-3-1）。一方、大地震を受けた後は、建物の構造体にもひび割れや一部損壊が発生し、建物が傾くことも考えられます。さらに、設備・仕上げ材などにも被害が生じます。

●非構造部材の危険性

　同じ建物でも、1階と上層階では揺れ方が異なります。地盤や建物の構造、規模、形状などにより異なりますが、一般的な10階建てのビルを想定した場合、1階よりも10階の方が、加速度が2〜3倍くらいになります。建物の揺れ方が大きくなると、たとえ構造体の損傷が小さくとも、建物内部の仕上げ材などの非構造部材の損傷・落下、家具などの転倒も発生します。建物の耐震性は、天井や間仕切り壁などの非構造部材の損傷程度とは必ずしも関係ありませんが、非構造部材でも落下や脱落すると危険をともないます。非構造部材の設計や施工も適切に行われることが大切です。

もちろん建物の性能は耐震性能だけではありません。表2-3-1に示すように建物の快適さ（居住性能）、強風に対する性能、耐久性や修復性なども求められます。建物の性能はこれらの総合性能となります。地震時の安全性だけでなくこれらの性能をバランスよくもたせることが大切です。

図2-3-1　地震を受けたときの建物の状態

中地震を受けたとき

構造体は、軽微なひび割れ程度。
建物は、そのまま使用可能。

大地震を受けたとき

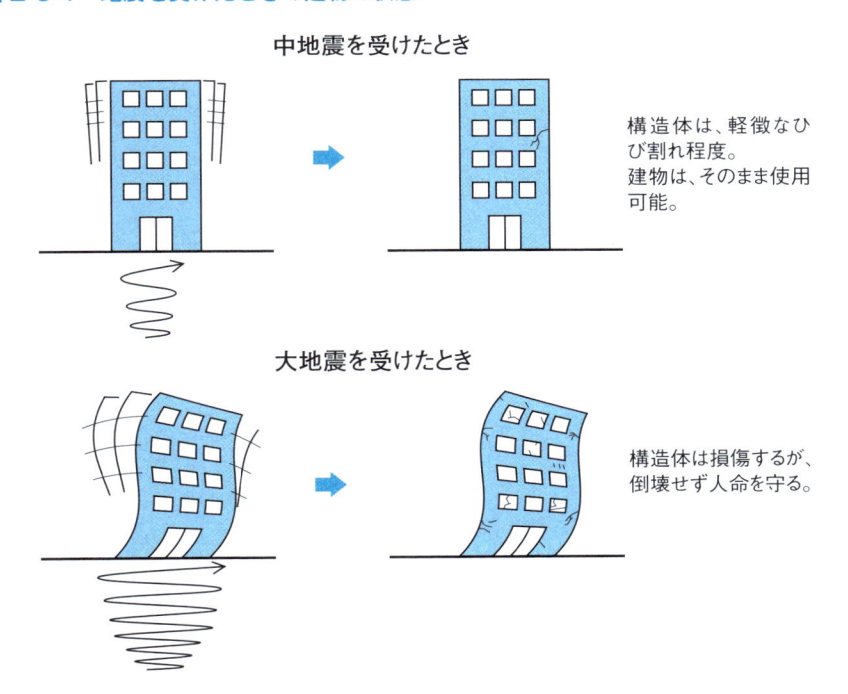

構造体は損傷するが、倒壊せず人命を守る。

表2-3-1　建物の構造性能

安全性能	地震や暴風などに対する建物の安全性
耐火性能	火災に対する安全性
居住性能	建物内外の遮音性能（居住者の歩行や設備機械などの振動の伝わりにくさなど）、季節風に対する揺れの程度
耐久性能	構造部材の経年劣化に対する性能、維持管理のしやすさ
修復性能	地震などで損傷した場合の修復のしやすさなど

2-4 耐震性能目標の考え方

●性能設計

　兵庫県南部地震（1995年）の後に、建物の構造設計者と建築主の間で、建物に作用する地震動強さとそのときに予想される損傷の程度について、共通認識がなかったことが問題となりました。極端にいえば、「この建物は建築基準法に適合していますので安全です」とか、「関東大震災級の地震でも安全です」といったようなことで建物の構造性能を言い表していました。ただ、「安全です」というレベルは、大地震時には構造体は倒壊しないけれど、損傷は受け、最悪の場合には取り壊しという事態になる可能性があったということです。

　安全は法令などの基準さえ満たせば達成できるわけではありません。安全性（広くは構造性能）のレベルをどのように設定するかを建築主と設計者の間で協議した上で、建物の設計がなされることがのぞましい設計のあり方といえます。これを性能設計といいます。しかし、地震に対する建物の性能の共通認識を得ることは簡単ではありません。これは、地震という現象が明確に規定しにくい（いつ、どの程度の大きさの地震が発生するかわからない）ものですし、そのときの建物の被害レベルも予想しにくいからです。実のところ、建物の耐震性（どれくらいの地震力を受けたら、どれくらい損傷を受けるか）についても、真の耐震性を確かな精度で断言することは案外難しいのも事実です。

●耐震性能メニュー

　建物の耐震性の評価は非常に難しい面もありますが、設計者と建築主が建物の耐震性に対して共通の認識をもつために、耐震性能のメニューがいくつか提案されています。

　図 2-4-1 は耐震性能メニューの一例です。図の横軸には耐震性能のレベルを、完全機能維持、機能維持、人命保護、倒壊という4段階のレベルで示し

ています。縦軸には地震動の強さを同じく4段階で示し、発生頻度が高い順に、小地震、中地震、大地震、巨大地震に分けています。これらの地震動のレベルは再現期間（何年に一度発生する大きさの地震動か）や年発生確率（1年あたりどのくらいの確率で発生するか）で分類するとわかりやすいでしょう。そして図中には3本の線があります。これらは建物の重要度を表し、通常の耐震性能が求められる建物、防災拠点や病院などの重要施設、そして原子力発電所など被災した場合に周辺に影響を与える施設では、それぞれに求められる性能は異なることを示しています。こういう性能メニューに基づいて、建築主（あるいは居住者）と設計者で話し合いをして、建物の性能を決めることが求められています。

図 2-4-1　耐震性能メニューの例

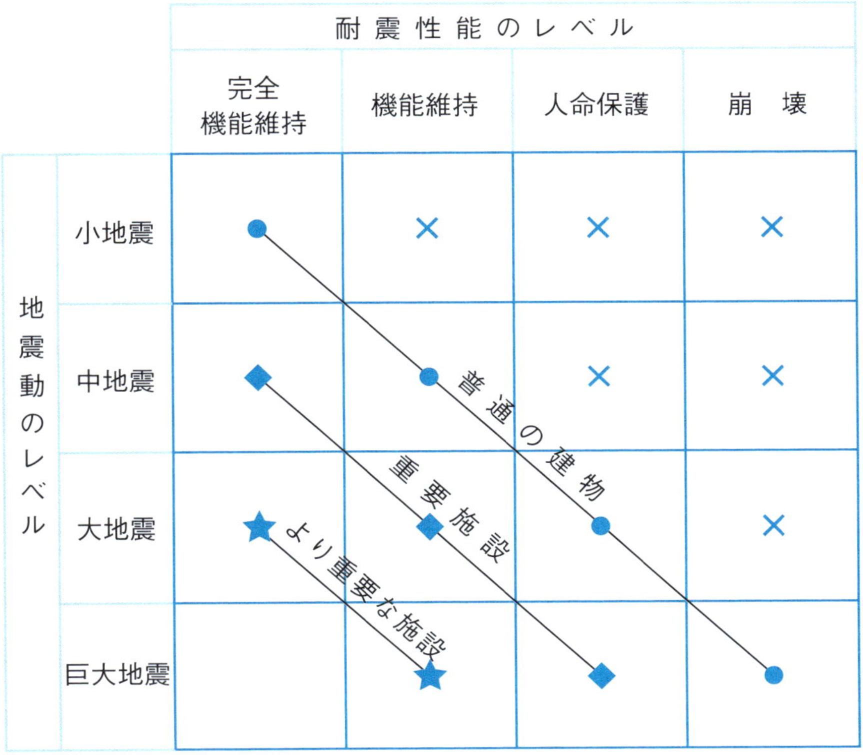

地震動のレベル \ 耐震性能のレベル	完全機能維持	機能維持	人命保護	崩壊
小地震	●	×	×	×
中地震	◆	● (普通の建物)	×	×
大地震	★ (より重要な施設)	◆ (重要施設)	●	×
巨大地震		★	◆	●

（×印は選択できない）

2-5 耐震設計に用いる地震力

●静的な地震力

建物に働く地震の力は時々刻々変化します。この動的に変化する力を、そのまま考慮して建物の耐震設計をすることもできます。しかし、それぞれの地震波は固有の性質をもっており、一般的な性質をもったものではないことから、通常は地震時の動的な力の作用を静的な力に置き換えて、耐震設計が行われます。このとき、静的な地震力の表現方法としては、設計震度、または層せん断力係数が用いられます。

●設計震度

設計震度は、建物に作用する加速度と重力加速度（980gal）の比で表します。設計震度を用いた設計法は震度法と呼ばれ、2-1節で述べたように佐野利器博士によって世界で初めて提唱され、日本の耐震設計の基本的な考え方となりました。震度法では、建物のある階に作用する静的な水平力を、その階の重量に設計震度を乗じることで求めます。その水平力を建物の骨組みに作用させ、このとき生じる応力に応じて柱や梁などの部材の設計をしていきます。柱や梁に生じる応力には、部材を曲げたりする力（曲げモーメント）や部材を断ち切るような力（せん断力）などがあります。これらの力に対して、柱や梁が十分耐えられるような断面（太さ）や強度を決めていきます。

新耐震設計法ができる前は、設計震度が0.2以上と規定されていました。ただし、建物の高さが16mを超えると、4m増すごとに設計震度を0.01だけ加算するようになっていました。設計震度が0.2ということは、建物の重さの2割（加速度で200gal）に相当する水平力が、地震時に作用すると考えて設計するということを意味しています。

●層せん断力係数

新耐震設計法では、設計震度の代わりに層せん断力係数で地震力を規定す

るようになりました。層せん断力とは、図2-5-1に示すように、各階に作用する水平力によって生じる各柱のせん断力の総和をとったもので、その層（階）に作用する力をいいます。層せん断力は、その層より上に作用する水平力を合計したものに一致します。最下層の層せん断力は、水平力を全て足したものと一致します。

　層せん断力係数は、層せん断力をその層より上の重量の総和で除して求めることができます。層せん断力係数は現在の耐震設計において重要な指標となっています。特に1階における層せん断力係数はベースシア係数とも呼ばれ、耐震設計における最も基本的な指標の一つとなっています。層せん断力係数の高さ方向の分布形は、建物が高層になるほど建物上部で大きくなるよう実際の地震時の揺れにあうように規定されています。

図2-5-1　層せん断力と水平力

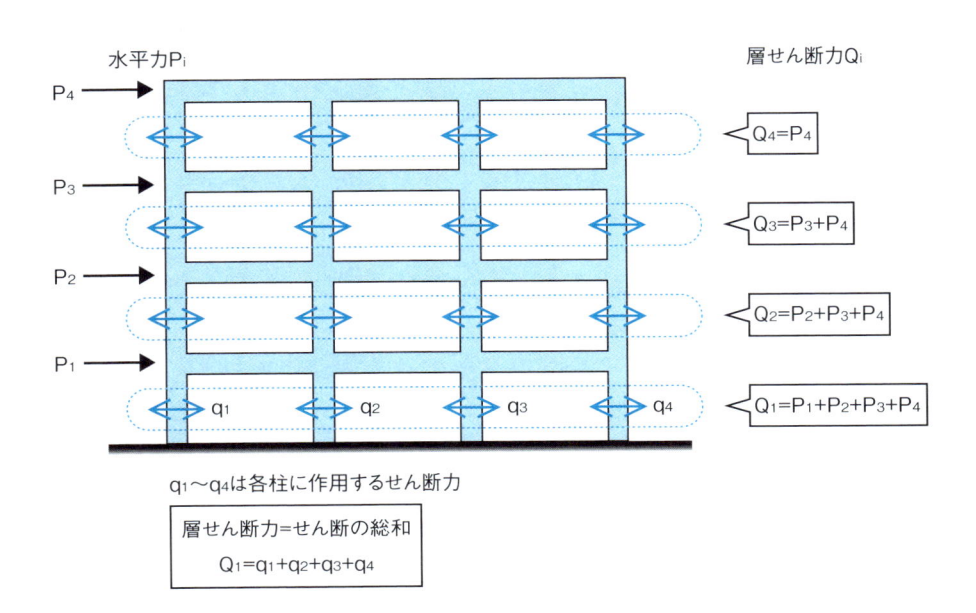

水平力 P_i ／ 層せん断力 Q_i

- $Q_4 = P_4$
- $Q_3 = P_3 + P_4$
- $Q_2 = P_2 + P_3 + P_4$
- $Q_1 = P_1 + P_2 + P_3 + P_4$

$q_1 \sim q_4$ は各柱に作用するせん断力

層せん断力＝せん断の総和
$Q_1 = q_1 + q_2 + q_3 + q_4$

2-6 設計用地震力の設定法

●地震荷重と層せん断力係数

　建物が地震を受けると地震動によって水平力が作用します。この水平力を最上層から当該層まで合計したものが層せん断力となります。この層せん断力が建物の骨組みに作用する地震荷重となります。耐震設計では、各層の層せん断力係数を求め、この値に各階が支える重量を乗じることで地震荷重を求めています。現在の耐震設計法では、ある階の層せん断力係数を「層せん断力係数＝地震地域係数×振動特性係数× Ai 分布×標準せん断力係数」で決めるようになっています。

①地震地域係数

　地震地域係数は、地域によって異なる地震の危険度を反映した係数で、地域ごとに 0.8 〜 1.0 の数値（沖縄は 0.7）が決められています。東北から関東の太平洋側、および東海から近畿地方の地域係数は 1.0、北部九州や北海道の一部では 0.8 となっています。

②振動特性係数

　建物が建っている地盤の特性と建物固有の振動特性によって、同じ地震でも地震時の揺れ方は異なります。これを反映するための係数が振動特性係数です（図 2-6-1）。図の横軸は建物の周期で、縦軸が振動特性係数（最大値 1.0）です。3 本の線は地盤種別による違いを示しています。第 1 種地盤は硬質な地盤で、第 3 種地盤は軟弱な地盤です。地盤が軟らかくなるほど振動特性係数は大きく設定されています。また、建物の周期が長くなるほど振動特性係数は小さくなっていきます。第 2 種地盤上に建つ 10 階建てと 20 階建ての鉄筋コンクリート造の建物では、固有周期がおよそ 0.6 秒と 1.2 秒程度と考えられますので、振動特性係数は、それぞれ 1.0 と 0.8 となります。

③ Ai 分布

　一般に、同じ建物でも低層階よりも高層階のほうが応答加速度は大きくなります。すなわち、層せん断力係数も高層階になるにしたがって大きくな

ります。層せん断力係数の高さ方向に変化する量を決めた係数が Ai 分布といわれるものです。Ai 分布は建物の固有周期と重量分布から計算され、図 2-6-2 のようになります。Ai 分布は 1 階では 1.0 となりますが、上層階になるほど大きな値をとるようになります。

④標準せん断力係数

標準せん断力係数は中地震動と大地震動に分けて定められています。中地震動に対しては 0.2 以上、大地震動に対しては 1.0 以上とされています。東京に建つ（地域係数は 1.0）低層建築物（固有周期が短いので、振動特性係数は 1.0）における 1 階の層せん断力係数（ベースシア係数）は、標準せん断力係数に等しいということになります。

図 2-6-1　振動特性係数

振動特性係数は、地盤が軟弱なほど大きく、固有周期が長くなるほど小さくなる。

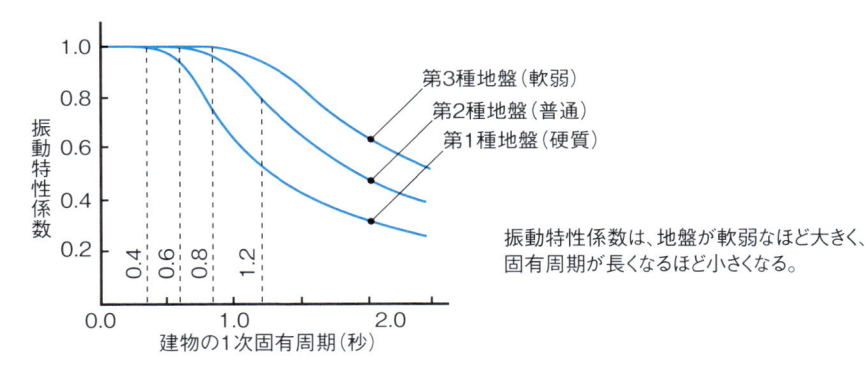

図 2-6-2　Ai 分布

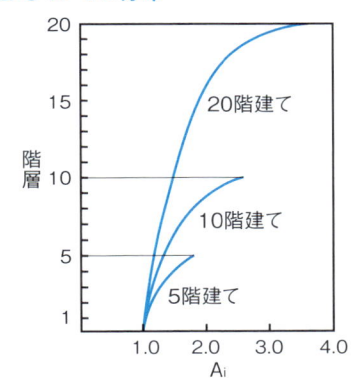

Ai 分布は、建物の階層が高くなるほど大きくなる。

各階の重量が同じ建物において、固有周期が 0.1×階数として求めたグラフ

2-7 耐震設計からみた構造計画

●エネルギー吸収能力を高める方法

　建物の耐震性能は、地震エネルギーの吸収能力で捉えることもできます。エネルギー吸収能力は、建物の骨組みの強度と変形能力の大きさによって決まります。エネルギー吸収能力を高めるには強度を高くするか、変形能力を大きくすることが有効となります。

　大地震時の地震荷重に対して、柱や梁などの骨組みが弾性体のままで抵抗するように高い強度をもつように設計するのか、それとも部材が大きく変形することを許容するような設計をするのか、という選択肢があります（両者の中間もありえます）。強度を高くするためには、耐震壁や筋かいをたくさん設けることが必要ですが、これらの変形能力はそれほど高くありません。一方、変形能力を高めるには、大地震時に梁や柱などの部材が弾性限界を超え塑性化することで（塑性：2-8節）、地震エネルギーを吸収できるように設計しておく必要があります。

●構造体のバランスと崩壊メカニズム

　図2-7-1は建物の崩壊メカニズムの例です。図中の●印は、柱や梁の部材端部が大きく塑性変形している箇所を示しています。これを塑性ヒンジと呼んでいます。全体崩壊は建物全体で均等にエネルギーを吸収していますが、部分崩壊は特定の層に変形が集中し、そこだけが崩壊しています。局部崩壊は建物全体としては地震力への抵抗力を失っていませんが、柱が損傷して建物の一部を支えることができなくなるものです。粘り強い骨組みということは、大地震の際にはある程度の損傷を許容しているということです。骨組み全体が均等に塑性化した場合には、個々の部材はそれほど大きな損傷にはなりませんが、塑性化する部材が一部にとどまったりすると、その部材だけに変形とエネルギーが集中して破壊してしまうかもしれません。その結果、建物全体が致命的な被害に至ることもあり得ます。このようなことを避けるた

めには、構造体のバランスをよくすることが大事です。

　構造体のバランスを考えるときに、平面的なバランスと立面的なバランスの両方を考える必要があります。平面的なバランスは、建物重量の中心（重心という）と柱・梁・耐震壁などの耐震要素の堅さの中心（剛心という）のズレをできるだけ小さくすることで達成されます。重心は地震力が作用する中心で、剛心は建物が地震力に抵抗する際の力の中心となります。よって重心と剛心の位置のズレが大きいほど、それに比例して建物をねじるような力が作用します。立面的なバランスは、建物の高さ方向の水平剛性・強度のバランスをいいます。ある特定の階の剛性や強度がほかの階に比べて小さい場合、地震時の変形とエネルギーがその階に集中することになります。その結果ますます変形が増大する悪循環に陥り、その層が崩壊するということも起こります。建物の構造体のバランスをよくすることが、大地震時に十分その耐震性能を発揮することにつながるのです。

図 2-7-1　建物の崩壊メカニズムの例

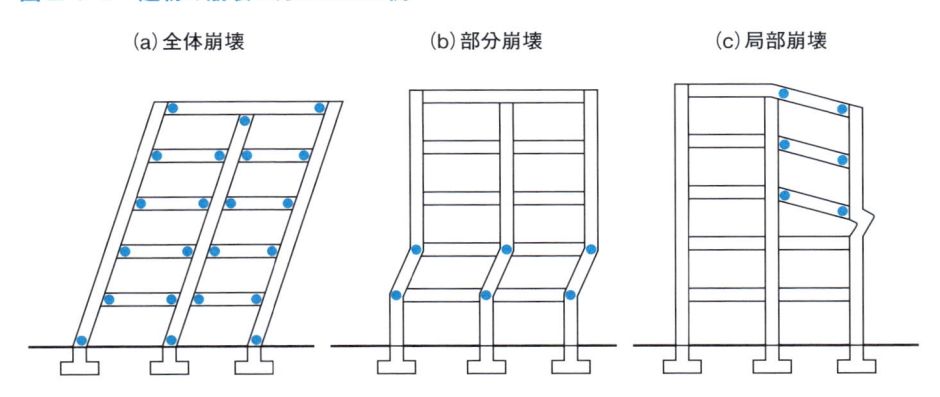

(a) 全体崩壊　　　　(b) 部分崩壊　　　　(c) 局部崩壊

建物全体で均等に地震エネルギーを吸収。

特定の層に変形が集中して、その層が崩壊。

特定部分の柱が損傷して、建物の一部が破壊。

2-8 骨組みの強度と変形能力

●構造部材の設計

　我が国の耐震設計では地震力を2段階に分けて考えています。中地震に対しては、層せん断力係数に相当する地震力を各階の床位置に作用させ、そのときの構造体の構造部材に生じる応力を求めます。その応力がそれぞれの部材が持つ強度（許容応力度）以下におさまるよう部材の設計を行います。

　図2-8-1は、構造骨組みが鉛直荷重（重力）を受けているときの応力（曲げモーメント、せん断力、軸力）と地震力を受けているときの応力を図示しています。これらの応力が部材の許容応力度以下になるようにしています。この設計法では、設計で想定した地震動以下では構造体に損傷が起きませんが、変形が大きくなると構造体の被害は発生しなくても、壁・天井などの仕上げ材が破損したり脱落したりする可能性があります。そのため、各階が一定限度以上の水平変形を起こさないように制限しています。

　建築構造材は通常、部材のもつ強度まではほぼ荷重と変形とが比例関係にあります。荷重がゼロになると変形も元に戻る弾性体とみなすことができます。しかし、荷重の大きさが一定限度（降伏荷重）を超えると、荷重はほとんど増えていないのに変形だけが増加します。その後は荷重を取り去っても変形が残り、もとの形状に戻らなくなります。これを塑性と呼んでいます。部材が塑性域に入った後も変形が進行すれば、いずれ部材は破断します。降伏してから破断に至るまでの変形量が大きいものを、変形能力が高いとか、高い靭性をもつ、粘り強い部材などと呼んでいます。

●エネルギー一定則と塑性による抵抗

　大地震に対して、構造部材を弾性範囲にとどまる設計をすることは可能です。しかし、極めてまれにしか発生しない大地震に対して、大きな強度をもたせることは合理的ではないという考えもあります。そのため、通常の耐震設計では、大地震時には構造体の靭性（粘り強さ）に期待して部材の部分的

な損傷を許容しています。部材が吸収するエネルギーは力と変形の積となります。図 2-8-2 では、弾性で抵抗するときのエネルギーは三角形 OAB の面積、塑性で抵抗するときのエネルギーは台形 OCDE の面積となります。弾性のままであれば変形は B 点までとなりますが、塑性化すれば E 点まで変形は大きくなります。E 点は三角形と台形の面積（エネルギー）が等しくなる点として求めることができます。こういう考えを「エネルギー一定則」といいます。面積はできるだけ大きいほうが耐震性能も高いといえます。ただし、大きな塑性変形能力に期待して、降伏荷重を小さくしすぎるのは、地震荷重の変動（ばらつき）を考えると慎重に対応した方がよいでしょう。

図 2-8-1　応力図

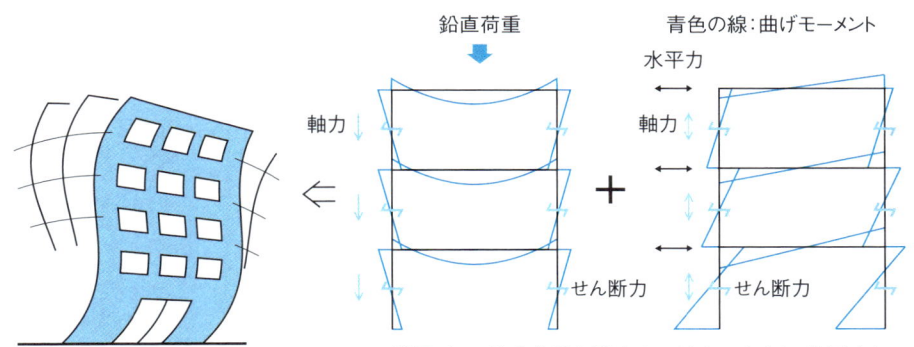

地震時は、鉛直荷重を受けているときの応力と、地震力を受けているときの応力の両方が建物に作用している。

図 2-8-2　エネルギー一定則

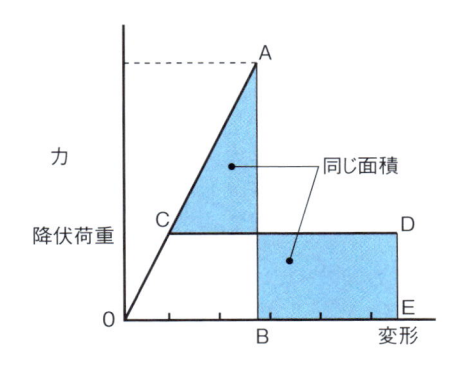

弾性だけでエネルギーを吸収しようとすると、大きな力に対する大きな強度をもつ構造部材の設計が必要となる。
塑性で抵抗しようとすると、大きな強度をもたせなくてもすむ。

2-9 建物の揺れ方

●建物のモデル化（振動モデル）

建物はそれぞれ固有の揺れの性質をもっています。この揺れ方を求めるために、建物を簡略化した数学的なモデルに置き換え、地震動に対する建物の応答を計算します。

建物のモデル化として、最も単純な1層の建物が水平1方向に振動する状態を考えてみます（図2-9-1（a））。基本的な要素としては、建物の重量（質量）、柱や壁などの水平力への抵抗要素（剛性）、そして振動エネルギーを吸収する減衰要素があげられます。多層建物では、各階の床位置に質量を集中させた多質点系モデルが用いられます（図2-9-1（b））。このモデルはその形状から串団子モデルと呼ばれることもあります。建物のモデルは建物の特性や振動解析の目的にあわせて適切に設定することが重要となります。

●固有周期と固有振動モード

建物が数学的なモデルに置き換えられると、振動モデルの質量と剛性から動的な性状の基本である固有周期と固有振動モードを求めることができます。固有周期は建物が1往復する振動に要する時間のことですが、建物の質量（重量）が大きいほど、剛性が小さいほど（建物が柔らかいほど）、固有周期は長くなります。また建物の固有周期は、建物の階数によっても、鉄筋コンクリート構造か鉄骨造かによっても変わります。中高層建物の固有周期は経験的に、鉄骨造であれば0.03H、鉄筋コンクリート構造では0.02H程度であるといわれています。Hは建物の高さ（単位:m）です。建物の高さが30m（10階建て相当）であれば、固有周期は0.6秒から0.9秒程度、高さ60m（20階建て相当）であれば固有周期は1.2秒から1.8秒程度となります。

一方、固有振動モードは、そのときの揺れの形を示します。多層建物の場合、固有周期と固有振動モードは建物の階数（正確には自由度）の数だけ存在します。固有周期が長いものから順番に、1次、2次、3次、・・・n次固有周

期と呼ばれます。10階建てなら10次モードまで計算できますが、通常工学的に重要な意味をもつのは1次から3次モード程度です。図2-9-2に3層建物の固有振動モードを示します。1次振動モードは建物の高さ方向に揺れ幅が大きくなるような形を示します。地震時にはこれらの基本振動モードが重複して表れ、複雑な揺れ方を示すことになります。

図2-9-1　振動モデル

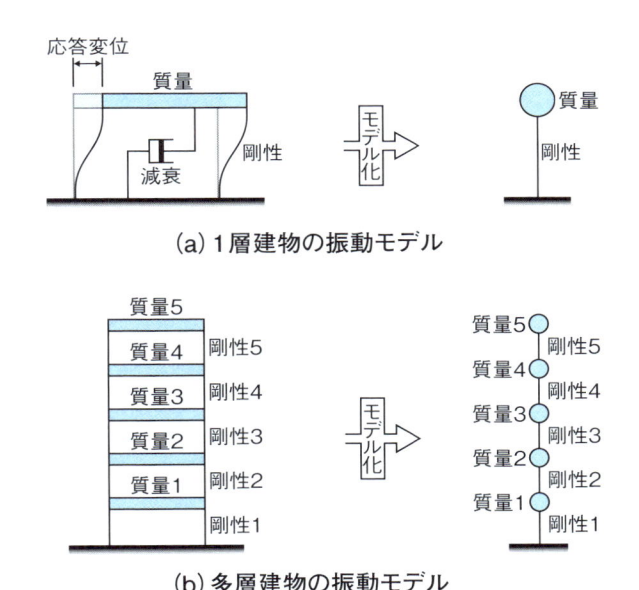

(a) 1層建物の振動モデル

(b) 多層建物の振動モデル

図2-9-2　3層建物の固有振動モード

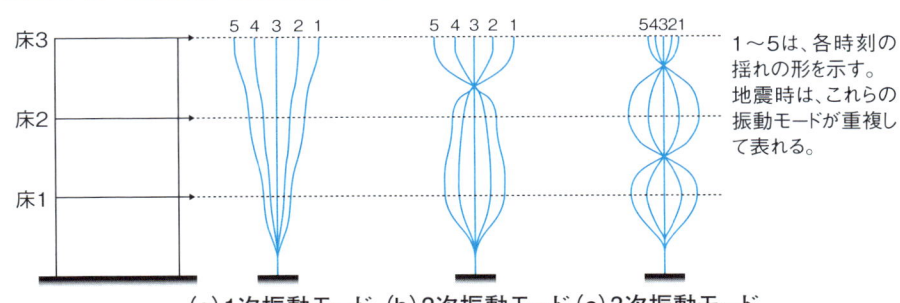

1～5は、各時刻の揺れの形を示す。地震時は、これらの振動モードが重複して表れる。

(a) 1次振動モード　(b) 2次振動モード　(c) 3次振動モード

2-10 地震時の建物の揺れ方

●高さによって変わる揺れ方

　具体的に5階建て（1次固有周期0.45秒）、10階建て（0.9秒）、20階建て（1.8秒）のモデル建物を設定し、地震時の建物の揺れ方を見てみましょう。応答解析に使う地震波は、1940年のアメリカのインペリアルバレー地震においてエルセントロで観測された波形です。この地震波はようやく地震観測が始まった頃に記録されたもので、我が国の初期の高層建物や免震建物の設計に際して標準的な地震動波形として最もよく用いられていました。

　図2-10-1に各建物モデルの最上階における応答加速度と応答変位波形を示します。この図から、建物が高層になるほど固有周期の長さに応じてゆっくりと揺れること、加速度は低層建物のほうが大きいこと、逆に変位は高層建物の方が大きくなることがわかります。特に加速度応答は低層建物では地動の数倍に達するのに対して、高層建物ではあまり増幅していません。

●時刻によって変わる揺れ方

　図2-10-2は、時々刻々の建物の揺れの形状とそのとき各層に働いている力（層せん断力）を示しています。各時刻で建物はいろいろな形状で揺れていますが、低層建物では1次の固有振動モードの影響が大きく表れており、直線的で比較的単純な揺れ方をしています。これに対し、高層建物では、高次の振動モードの影響により、複雑な形状で揺れています。各層に働くせん断力の大きさ、形状ともに時々刻々と変化し、各層で最大値が表れる時間はかなり異なっています。

　建物の耐震設計では、各層の変位や層せん断力の最大値を求め、これらに耐えることができるように設計される必要があります。

図 2-10-1 モデル建物の応答波形

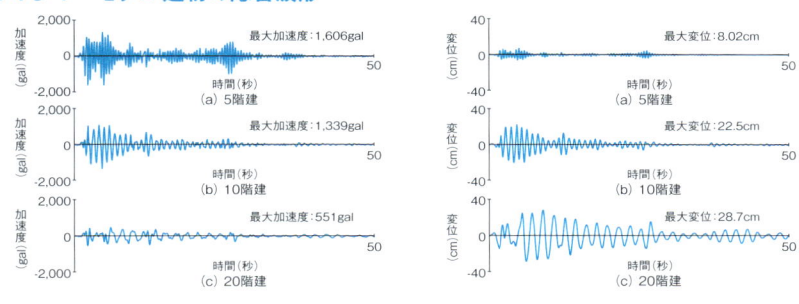

(a) 5階建　最大加速度:1,606gal
(b) 10階建　最大加速度:1,339gal
(c) 20階建　最大加速度:551gal

(a) 5階建　最大変位:8.02cm
(b) 10階建　最大変位:22.5cm
(c) 20階建　最大変位:28.7cm

図 2-10-2 各時刻での地震応答

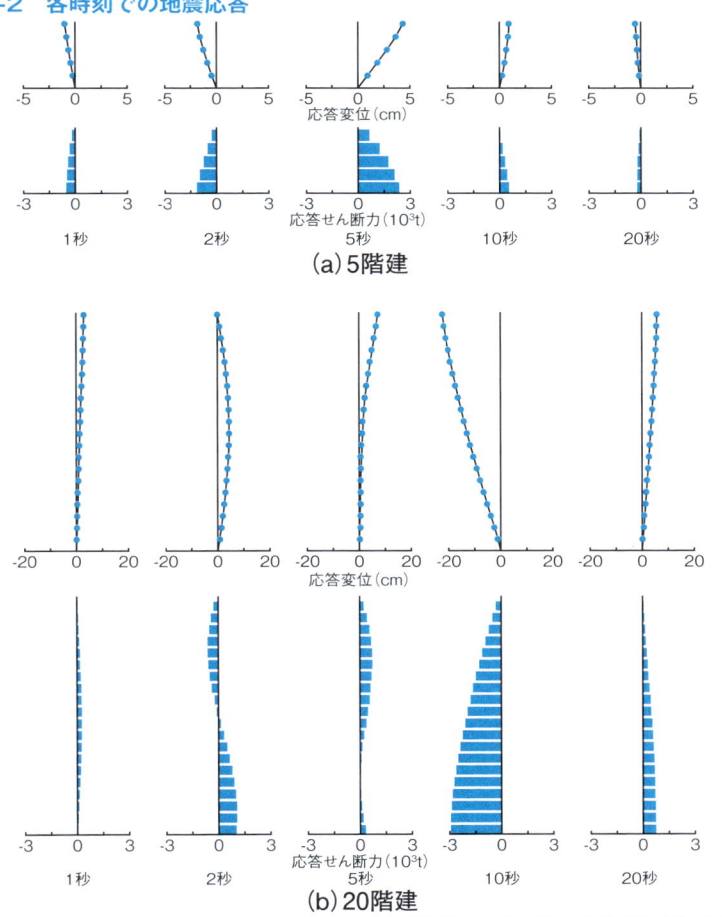

応答変位(cm)
応答せん断力(10^3t)

1秒　2秒　5秒　10秒　20秒

(a) 5階建

(b) 20階建

(「建築の耐震・耐風入門」(彰国社) をもとに作成)

2・地震と建築

2-11 応答スペクトル

●地震波と建物の応答性状

ここで、少し専門的ですが、耐震設計で用いられる地震動の性質を表す応答スペクトルというものについて説明しましょう。

同じ地震動を受けても、建物の振動性状によって揺れ方は異なります。逆に同じ建物であっても、地震動特性の違いによって異なった揺れ方を示します。こうした地震動と建物の応答の関係を、1質点系モデル（2-9節）の固有周期と減衰定数（建物の揺れを吸収する程度をさす定数）を使って表したものを地震応答スペクトルといいます。建物の耐震設計に際し、主として地震動の性質や大きさを把握するためや建物の応答量を把握するために、非常によく用いられています。

図2-11-1は地震応答スペクトルを求める模式図です。応答スペクトルは、ある地震動に対して種々の固有周期をもつ1質点系モデルを想定し、その固有周期を横軸にとって、縦軸には減衰定数をパラメータにして描いた、それぞれの最大応答値をとります。最大加速度をプロットした加速度応答スペクトル、最大速度および最大変位をプロットした速度応答スペクトル、変位応答スペクトルなどがあります。観測された多くの地震波形の応答スペクトルを分析してみると、全体的に共通した次のような性質がみられます。

①**加速度応答は、固有周期が短い領域で大きく、固有周期が長くなると小さくなる**
②**速度応答は、短周期領域では固有周期に比例して増えるが、ある周期以上の長周期領域ではほぼ一定の傾向を示す**
③**変位応答は、固有周期が長くなるほど大きくなる傾向を示す**

こうした性質は建物の設計に利用されています。特に、固有周期の長い領域で加速度応答が小さくなる性質は、超高層建物や免震建物の長周期化による地震力の低減効果の基本となっています。実際の応答スペクトルの例として、1995年兵庫県南部地震の際に神戸海洋気象台で観測された地震波の地

震応答スペクトルを示します（図2-11-2）。上述した応答スペクトルの一般的な傾向が読み取れます。兵庫県南部地震は都市直下の地震だったので、周期が短い領域で大きな応答を示していますが、長周期地震動ではより周期の長い領域で大きな応答を示すようになります。地震応答スペクトルでは、こうした地震波と建物の応答性状を知ることができます。

図2-11-1　地震応答スペクトルを求める模式図

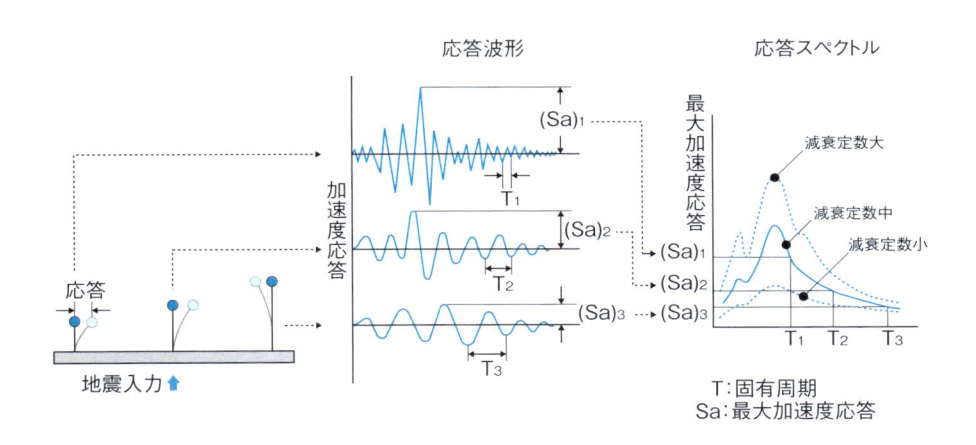

図2-11-2　地震応答スペクトル例

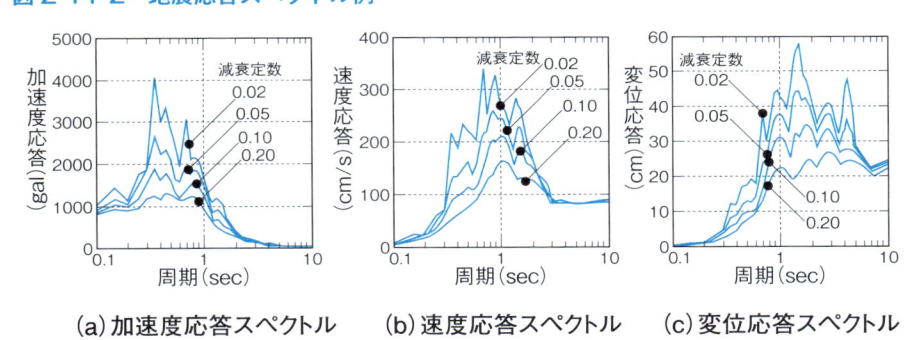

(a) 加速度応答スペクトル　　(b) 速度応答スペクトル　　(c) 変位応答スペクトル

2-12 エネルギースペクトル

●地震エネルギー

　前節で紹介した地震応答スペクトルは、地震動に対する時々刻々の応答値を計算して求め、その最大値を固有周期に対しプロットして求めています。あくまで最大値であり、それがどれくらいの時間継続しているかはわかりません。そこで、地震応答を地震の継続時間にわたって積分することでエネルギーとして評価する方法が提唱されています。

　地震動によって建物に入力された地震エネルギーは、建物の弾性振動エネルギー、構造体が塑性化して吸収するエネルギー（ひずみエネルギー）、そして、減衰により吸収されるエネルギーと釣り合っています。図 2-12-1 は地震エネルギー入力の例を示しています。縦軸に地震エネルギー入力量をとり、横軸は時刻です。地震が建物に作用しはじめるとエネルギー入力は増加していきます。大きな地震を受ける建物は、地震によって入力されたエネルギーをひずみエネルギーと減衰エネルギーで吸収しています。最終的にはひずみエネルギーの大小が建物の損傷と関係することになります。このひずみエネルギーを構造体で十分吸収できるか否かが、耐震安全性を判断する指標となります。

●エネルギースペクトルの例

　地震エネルギー入力は、建物に対する地震力のする仕事（＝力×変位）として求められます。すなわち、地震力（＝建物の質量×地動の加速度）に建物の応答変位（微小時間における増分変位）を乗じたものを、地震継続時間にわたって積分することで求めることができます。一つの地震により構造物にもたらされる地震エネルギー入力は、主として構造物の総質量および 1 次固有周期に依存し、構造物の強度、質量分布、剛性分布によらない安定した量であることが確認されています。ただ、エネルギーのままだと使いにくいため、地震エネルギー入力を運動エネルギーとみなして、等価速度に換算し

て使われます。地震エネルギーの等価速度と固有周期の関係を描いたものをエネルギースペクトルと呼んでいます。

　図2-12-2の（a）は、兵庫県南部地震の神戸海洋気象台での観測波のエネルギースペクトルを示しています。通常は、減衰定数10%の1質点系の応答から求まるエネルギースペクトルにより、多層構造骨組みの設計用入力エネルギーを設定しています。図の（b）は2011年の東北地方太平洋沖地震の際に、岩手県・宮城県・茨城県などで観測された20波のエネルギースペクトルを示しています。東北地方太平洋沖地震は巨大地震であり、地震動の継続時間も長かったため、兵庫県南部地震のときのエネルギースペクトルに比べて大きなエネルギー入力を示しています。海溝型の巨大地震により発生する長周期地震動では、大きな地震エネルギーが入力され、建物の応答が増幅することが懸念されています。

図 2-12-1　地震エネルギー入力の時刻歴の例

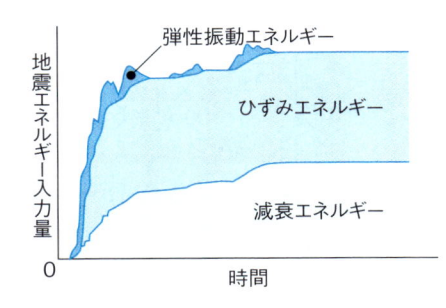

建物は、弾性振動エネルギー、ひずみエネルギー、減衰エネルギーで地震エネルギーを吸収する。

図 2-12-2　エネルギースペクトルの例

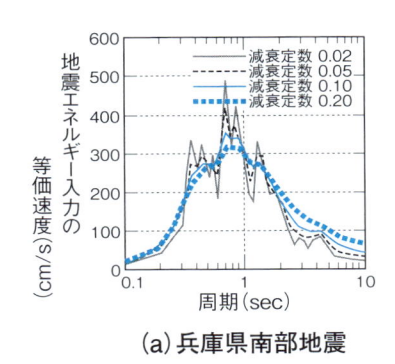

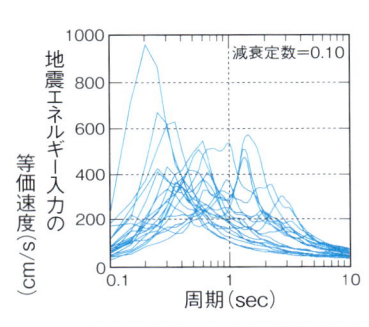

（a）兵庫県南部地震　　　（b）東北地方太平洋沖地震

2-13 室内の安全性

●地震時の室内被害

大地震が発生すると建物自体の被害に目を向けがちです。しかし、建物に特別な被害がないにもかかわらず、家具の転倒や散乱によって、逃げ遅れたり室内で怪我をしたりする方々も大勢います。図 2-13-1 は、地震による室内の被害状況と外壁の損傷状況です。

1995 年の阪神・淡路大震災における震度 7 の地域では、住宅の全半壊をまぬがれたにもかかわらず、多くの部屋で家具が転倒し、部屋全体に散乱したといわれています。しかも、ただ倒れるだけでなく、食器棚などは扉が開いて中の食器類が散乱し、また、冷蔵庫やピアノは移動してしまい、テレビや電子レンジが飛ぶといった、日常では考えられない現象も確認されています。つまり建物が無事でも、家具が転倒するとその下敷きになって怪我をしたり、室内が散乱状態のために建物からの避難が遅れてしまったりすることにもつながります。

地震時に家具がどのように動くかは、建物本体の揺れ方（建物の階数や鉄筋コンクリート造、木造などの違いなど）、家具それぞれの揺れ方、あるいは家具を置いた床材の種類などによっても異なります。具体的には、洋ダンスや冷蔵庫のような背の高い家具や家電製品には、前後に傾くロッキング移動と呼ばれる動きもみられます。また、食器棚や整理ダンスのように積み重ねてある家具の上の部分や、テレビ台に載ったテレビなどがジャンプして落下するケース、あるいはロッキングを起こさずに床面を滑って移動するケースなど、置かれた条件によってその動きは多様です。

●室内の地震対策

家具の転倒や移動を防ぐためには、できるだけ建物本体に、家具をより安全に固定しておくことが必要となります。しかし使い勝手などにより、家具を構造体や天井に安全に固定できないこともあります。そこで、安全という

面から家具の置き場所を見直すことも、転倒などによる被害を防ぐための大きなポイントです。たとえば、家具の配置と就寝する位置との関係です。壁を背にした家具は前方に倒れてきますから、就寝位置は、家具の高さ分だけ離れるか、家具の脇にした方が安全です。また、家具が倒れて出入口を塞がれてしまっては大変です。家具は出入口付近に置かない、あるいは倒れても通り抜けられる空間を残せる位置に置いたほうがいいでしょう。

そのほか、建物には柱や梁などの主要な構造部材以外に、外壁や仕上げ材・間仕切り壁、そして天井などという、いわゆる非構造部材というものもあります。大地震時には体育館やホールなどの天井が落下して、人命が失われることもあります。建物の構造体のみならず、その内部にある家具や非構造部材の安全性を確保することも非常に大切です。

図 2-13-1　室内と非構造部材の被害状況

(a) 住宅内部の状況

(b) マンションの外壁とドアの損傷

家具の転倒や散乱は、怪我や避難の遅れにつながる。また、外壁など非構造部材の落下も、怪我などにつながるおそれがある。

2-14 建物のコストの考え方

●建設コストと耐震性能

　建物のコストには、初期の建設コストとメンテナンスにかかるコストがあります。初期の建設コストは、一般には建物の耐震性能を高めるほど増えます。初期の建設コストをかけて耐震性能を向上させておけば、地震時の被害が少なくなるので、地震後の補修費用は少なくなります。逆に、初期の建設コストを低くした場合には、地震時の被害にともなう補修あるいは補強費用は高くなります。建物の建設費には、構造にかかわる基礎、柱、梁、床だけではなく、外装・内装、さらには設備などの費用も含まれます。そのため構造体の費用が占める割合は、おおまかにいえば建物全体の1/4～1/3くらいとなります。しかも、安全性を増すために柱などを太くしたり、鉄筋の本数が増えたりしても、それは材料費の増加となりますが、手間賃や鉄筋コンクリートの型枠費用などには影響しないこともあって、安全性を増すのにそれほど費用が高くなるわけではありません。

　図2-14-1は、いくつかの建物の建設コストと設計用地震荷重の関係を示しています。縦軸は1次設計のベースシア係数が0.2のときの建設コストを1とした比率で示されています。設計用地震荷重が2倍となっても初期建設コストは10％程度の上昇となっています。

●地震による損失額

　地震が発生して建物に被害が生じたときの損失額はどう考えられるでしょうか。図2-14-2は初期建設コスト、損失額、およびこれらの総費用と設計荷重との関係を示しています。小さな地震は頻繁に発生していますが、大きな地震になるほど発生確率は小さくなります。耐震設計で大きな地震荷重を考えるということは、その分小さな発生確率を想定していることになります。そうすると大きな地震荷重を考えるほど、想定した地震が発生した場合の期待損失額（＝発生確率×損失額）も小さくなっていきます。期待損失額が小

さくなることはいいことですが、建設コストは高くなります。ちょうどいいバランスは、建設コストと損失額の和が最小になるところといえます。

ただ損失額の評価は難しい面があります。建物自体の直接的な地震被害だけでなく、内部機器の損傷にともなう損失や、オフィスビルに被害が生じた場合の業務上の経済的損失まで含めるのかどうか、さらには心理的、精神的なダメージをどう評価するのか、といった問題もあります。そうなると建物の用途や内容物の種類、地震発生の頻度などによっても、最適な構造形式が異なってくることになります。

図 2-14-1　建設コストと設計用地震荷重の関係

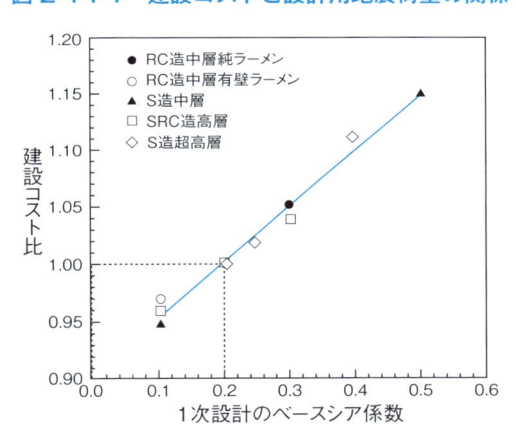

1次設計のベースシア係数（設計用地震荷重）が、0.2から0.4へ倍になっても、初期建設のコストは10％程度しか上昇しない。

図 2-14-2　設計用地震荷重と総費用の関係

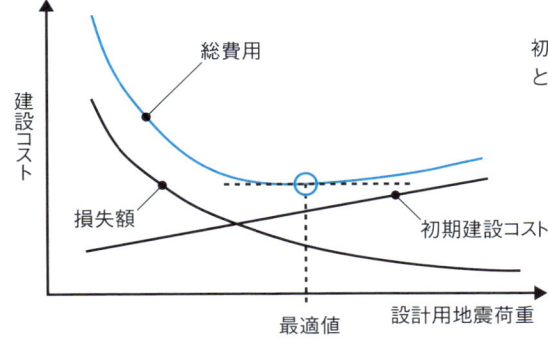

初期建設コストと損失額の和が最小になるところが、設計用地震荷重の最適値となる。

2-15 地盤の性質と基礎構造

●地盤の性質

　2-9節では、建物に固有周期と固有振動モードがあることを説明しました。同様に、建物が建っている地盤にも固有周期と固有振動モードがあります。地震波が地表に向けて表層地盤を伝わってくる間に、地震波は増幅していきますが（1-9節）、その際に地盤の固有周期に相当する成分が特に増幅されます。たとえば、1985年にメキシコの西岸近くで発生した地震では、震源から300km以上離れたメキシコシティで、地盤の固有周期に相当する1～2秒の波が大きく増幅され、この周期に近い固有周期をもつ建物が多く倒壊しました。このような地盤と建物との固有周期の関係による建物の応答増幅については、我が国の地震被害でも多くの事例が見られます。

　一般に、地中の深いところよりも浅いところのほうが、地震時の揺れの振幅は大きくなります。特に表層付近数十mに軟弱層があると、急激に振幅が大きくなる可能性があります。この増幅の仕方は地盤の種類によって異なり、また地震波の特性にもよりますが、軟弱な地盤ほど地盤の卓越周期も長くなります。地表面における地震動の加速度応答スペクトルでは、軟弱地盤（第3種地盤）ほどより長い周期領域まで加速度が低減しない結果となります。それが、地震力を求める際の振動特性係数のグラフに反映されています（図2-6-1）。一般に、地盤に作用するせん断力とせん断変形の関係は、構造部材が塑性化するのと同じように、地盤の変形が大きくなるにしたがい柔らかくなっていきます（剛性が低下します）。地盤が大きく変形して柔らかくなっても建物を支持できていれば問題ないですが、支持できずに不同沈下や傾斜を起こした場合には、建物に大きな影響をもたらします。

●地盤と基礎構造

　兵庫県南部地震では、ポートアイランドのような埋め立て地で、地盤の液状化が生じました。その結果、大きな地盤沈下や、護岸が海側に移動して地

盤全体が動く側方流動などの現象も生じました。そのため、杭基礎などに被害が生じた例もありましたが、その一方で、建物に作用する地震力が小さくなり、建物自体の被害は少なくなった例もあります。東日本大震災のときにも、各地で地盤の液状化により傾斜や不同沈下という被害が発生しました。地盤が液状化しても建物が不同沈下しないような基礎構造をつくるか、地盤改良を施しておくことが求められます。

　図2-15-1は建物の基礎構造の例です。地盤が硬質な場合には、直接基礎（フーチング基礎、べた基礎）で建物を支持可能です。表層地盤では建物を支持できない場合には、杭基礎を用いて硬質な地盤で支持をするようにします。杭がとても長くなる場合には、摩擦杭（杭と地盤との摩擦力で支持）を使うこともあります。さらには、地盤改良により液状化などの発生を抑制することも可能です。

図 2-15-1　基礎構造の種類

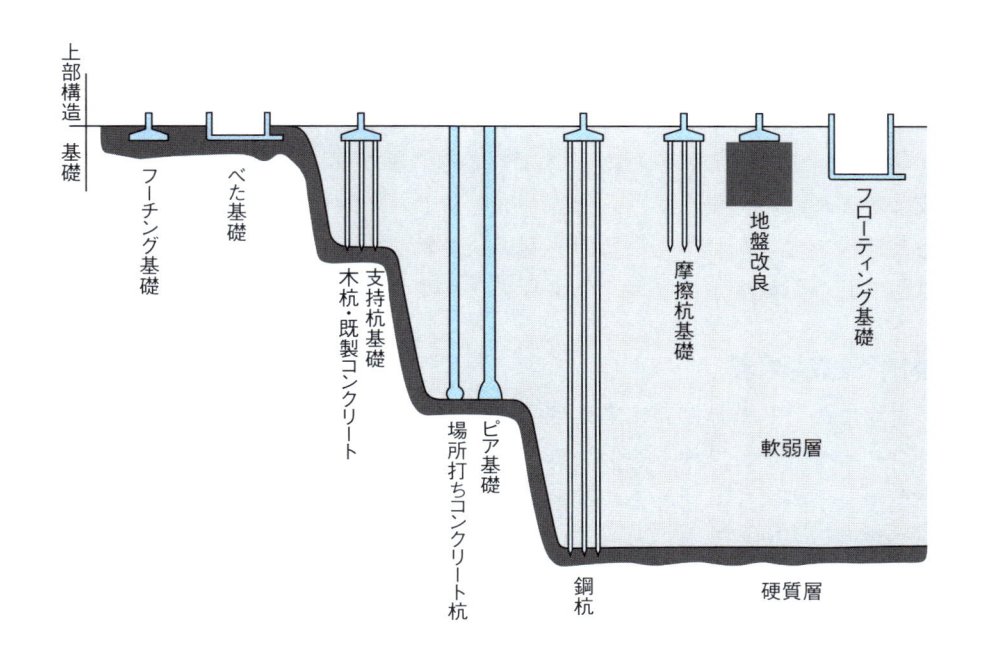

2-16 建物と地盤の相互作用

●入力損失効果

　建物が地震で揺すられるとき、建物は地盤に基礎を介して固定されていますので、建物と地盤の振動は相互に影響を及ぼし合います。地盤からは基礎（杭）を通して建物を揺り動かす力が作用しますし、揺れている建物からも基礎を通じて地盤に力が作用します。このような現象を建物と地盤の相互作用といいます（図2-16-1）。

　相互作用の効果によって、建物および周辺の地盤の振動は、建物が存在しない自由地盤の振動とは異なってきます。多くの地震観測によれば、建物の基礎部分の最大加速度は、周辺の自由地盤の最大加速度よりも小さくなる傾向を示しています。これは相互作用効果の一つで、入力損失効果と呼ばれています。入力損失は、池に浮かぶボートの揺れ方を想像するとわかりやすいでしょう。大きな波の上にある小さな船（ボート）は波と一緒に揺れてしまいます。一方、大きな船であれば、多少の波でも船は大きく揺れません。これは船が水に比べて硬いため、揺れを平均化してくれるためです。波を地震波と考えればいいでしょう。建物が揺れることで地盤を変形させる結果、建物と地盤を含めた全体振動系の固有周期が延びることになります。その結果、建物の応答が減少するという効果も見られます。

●地下逸散減衰

　建物に入力した地震のエネルギーが、地盤内に再び逃げていくような現象もあります。これを地下逸散減衰と呼び、見かけ上、建物の減衰が増すことになります。再び、池の上のボートを例にしてみます。ボートの上で子どもが飛び跳ねたとしたら、ボートは揺れはじめるものの、ボートの揺れは次第に減少していくのではないでしょうか。このときボートの周囲には同心円状に波が広がっています。ボートの揺れのエネルギーが新たに波を作り出すことで、ボートの揺れを減衰させています。こうした建物と地盤の相互作用は、

建物の剛性に比べて、地盤の剛性が低い場合に影響が大きくなります。たとえば、低層建物で固有周期が短い方が、高層建物で固有周期が長い場合よりも相互作用は大きくなります。また、同じ建物の場合には、地盤の剛性がより低い方が相互作用の効果は大きくなります。

図 2-16-1　建物と地盤の相互作用

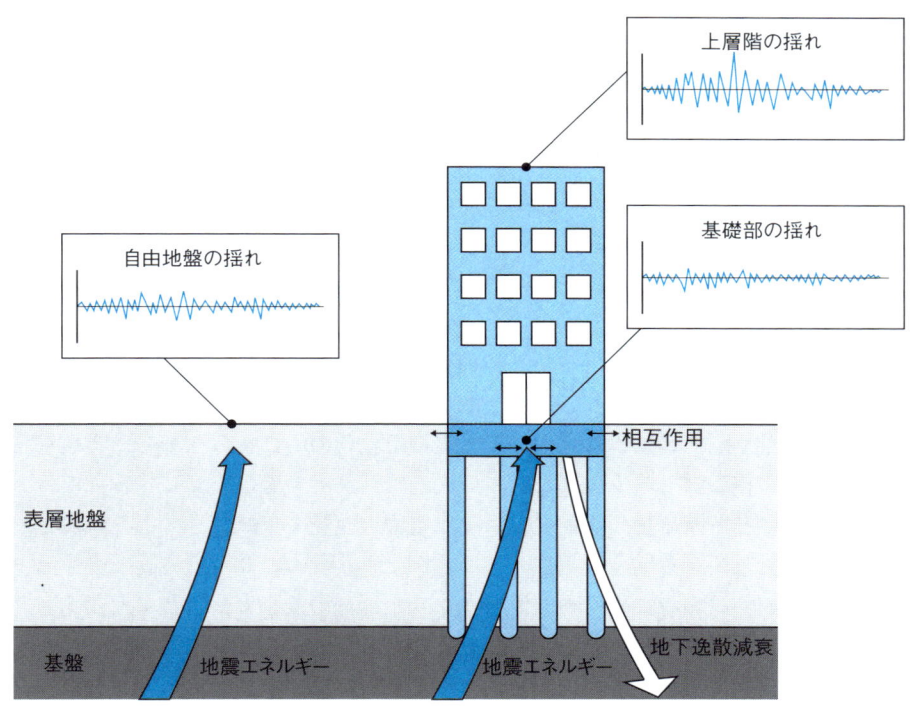

基礎部の揺れは、地盤との相互作用（入力損失効果）により、自由地盤の揺れよりも小さくなる。

実大三次元震動破壊実験施設（E-ディフェンス）

　E－ディフェンス（E-Defense）は、独立行政法人・防災科学技術研究所が所管する実大三次元震動破壊実験施設の通称です。「E」は、Earthquake（地震）ではなく Earth（地球）を表しています。この施設の最大の目的は、実物大の構造物を破壊するまで震動させて、その過程を科学的に記録・分析し、構造物の耐震設計上の有用な知見を提供することです。

　1995年1月17日の兵庫県南部地震による甚大な都市被害を受けて、科学技術庁により、「都市部を中心とする地震災害の軽減を目指す総合的な研究」を行う研究拠点を設け、そこに実大三次元震動破壊実験施設を整備することが提言されました。E-ディフェンスは、阪神・淡路大震災の被災地の郊外である兵庫県三木市に開発された三木総合防災公園内にあり、地震防災研究基盤の中核的施設として位置付けられています。施設は、兵庫県南部地震の10年後の2005年1月15日に竣工しました。

　この施設ができる前にも、国・大学・企業などの研究機関が、所有する実験設備を用いて、建物の耐震性を把握する多数の実験を行ってきました。そこで得られた成果は、現在の耐震設計に反映されています。しかし、震動台の規模が小さいために、柱・梁・壁といった建物の一部を取り出した実験や建物の縮小模型による実験になっていました。震動台を用いずに建物をゆっくり変形させる水平加力実験では、実大規模の建物で実験できても、時間に依存する振動現象を完全に把握することができませんでした。建物の耐震性能は、構成部材の特性、その配置バランス、部材の接合方法などに大きく影響されます。建物の一部を取り出した実験では建物全体の性能把握に限界があり、縮小模型実験では、たとえば溶接部・接合部の詳細が実物と同じ精度で再現できません。また、破壊に至る実験は大きな力が必要になります。E－ディフェンスは、これらの課題を解決した世界最大の耐震実験施設で、鉄筋コンクリート造4階建て程度の建物の震動破壊実験を行うことが可能です。国内だけではなく、海外との共同研究も進められています。

　振動台の搭載質量は1200t、搭載面積は20m×15m、最大加速度は水平方向で900cm/s^2以上、鉛直方向で1500cm/s^2以上、最大変位は水平方向で±100cm、鉛直方向で±50cmで、兵庫県南部地震で観測された地震動を再現することができます。

第3章

耐震構造

3章では、地震動に対して、強度や粘り強さで抵抗する
耐震構造を解説します。耐震構造のしくみや方式、
また、構造材料による違いをみてみましょう。

3-1 耐震のしくみ

●強度型の耐震

　建物の耐震の基本は、地震による揺れで建物の構造骨組みを壊さないようにすることです。すなわち、地震により建物に作用する地震力に対して、骨組みが抵抗できる安定した形にすればよいのです。たとえば、鉄筋コンクリート構造の柱と梁とをしっかり一体化する構造にして、地震時の揺れに抵抗できるように柱や梁の強度を確保する、水平方向に作用する地震力に抵抗できる壁などの部材を設置するなどの方法があります（図3-1-1）。木造の建物で柱・梁に対して斜め方向の部材（筋かい）を入れて、地震力に対して抵抗させる方法もこのような強度で抵抗する方式です。

●靭性型の耐震

　このように地震に対して強度を高めて抵抗させる方法のほかに、変形してもすぐに壊れないようにする耐震構造の方法もあります（図3-1-2）。これは柱や梁が大きく変形しても崩れることのないような粘り強い部材にすることで実現できます。たとえば、鉄筋コンクリート構造では、柱の長手方向に入れる鉄筋を囲む鉄筋（帯筋：図3-5-1）を密にしたり、柱の断面寸法に比べて長さを短くしないようにすることで、変形性能が高まるようになります。鋼構造の場合には、部材同士をつなぐ接合部の強度を高めることにより、骨組み全体としての変形性能を高めるようにする、局部的に急激な変形が進む座屈現象を起こさないように、部材を構成する鋼板を厚いものにする、などの方法があります。

　図3-1-2の上段は、部材に力を加えていったときの力と変形の関係を描いたものです。(a) は耐力が高い構造ですが、変形が進むと突如壊れてしまいます。これと比べて (b) の方は耐力は低いものの、変形しても抵抗力が低下せず大きな変形能力をもっている構造を示しています。一般には耐力と変形性能をうまくバランスさせるような最適な設計をめざします。

図 3-1-1　構造物の安定化

ギリシャのパルテノン神殿のような構造だと、大きな地震に耐えられない。

剛接構造：ラーメン構造
（柱と梁が一体化）

筋かい（ブレース）を入れる

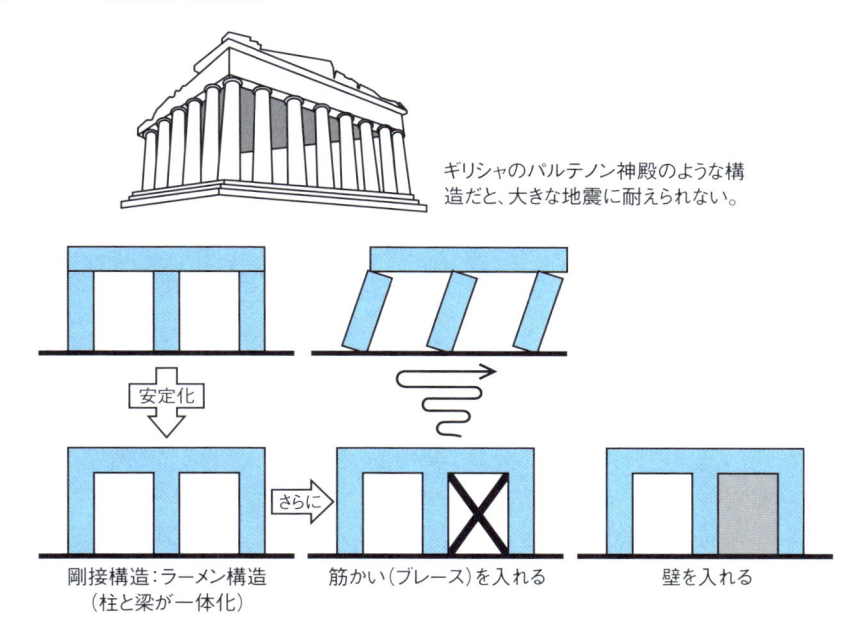

壁を入れる

図 3-1-2　構造物の耐震の二つの方式

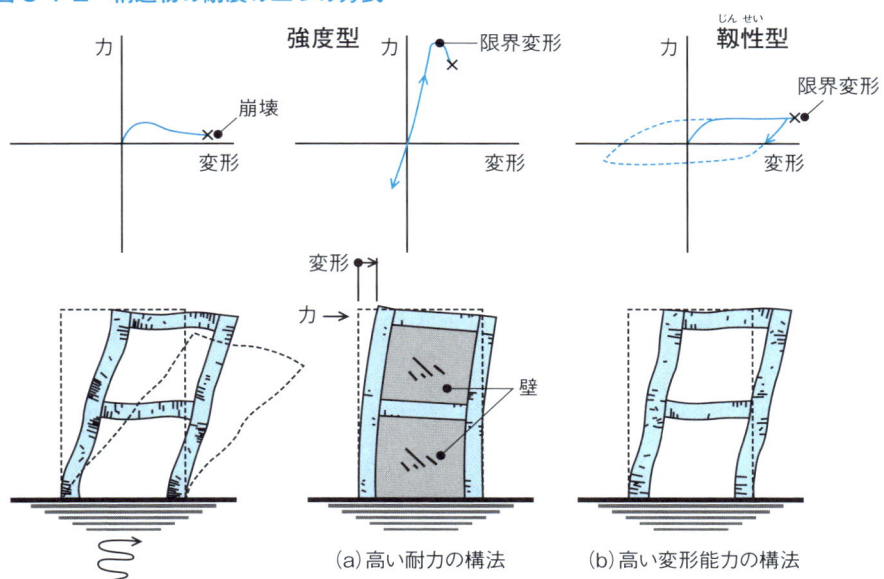

強度型　　　　　　　　　　靭性型

力／変形／崩壊

力／変形／限界変形

力／変形／限界変形

(a) 高い耐力の構法　　(b) 高い変形能力の構法

3・耐震構造

3-2 耐震構造の方式

●ラーメン構造、ブレース構造

　耐震構造の方式として代表的なものに、柱と梁とからなるラーメン構造と呼ばれるものがあります。これは、柱と梁の交差する部分を剛にしっかりと接合することで、地震により揺れる力に抵抗するものです。この方式では、床を支えるための梁と柱をそのまま地震力に対しても効かせようとするために、通路などが比較的自由につくれます。これに対して、柱や梁の間に斜め方向の筋かい（ブレース）を入れる構造は、地震による水平方向の力に対してより効率的に抵抗できる耐震構造方式です（図3-2-1）。また、筋かいを入れることで地震時の変形を少なくすることができるので、仕上げ材などに及ぼす影響が少なくなります。ただし、筋かいは建物の中にバランスよく設置する必要があります。筋かいが建物の片側に集中して配置されるなどバランスが悪い場合には、建物が大きく捩れてしまい、かえって耐震性能を低くしてしまうこともあります。

　このほかに、鉄筋コンクリートなどの壁で地震力に抵抗させるのも有効です。壁や筋かいは、建物の水平方向の強度を高めるのには効果がありますが、この部分には通路が大きくとれないために、建物の平面的な計画をたてる上で制限が大きくなるという欠点があります。

　建物が高層になった場合にも、ラーメン構造と壁あるいは斜め部材（ブレース）を組み合わせて地震力に抵抗させるのが一般的です。また特に大型の建物では、複数の部材を組み合わせて大きな柱や梁に相当するものをつくるスーパーフレーム構造も用いられます。

　ところで最近の高層建物では、単に地震力に抵抗するように耐力や変形性能を高めるだけでなく、積極的に地震時の揺れを少なくして地震力を低減するように、ダンパーと呼ばれる振動エネルギー吸収装置を建物内に設置する制震構造というものも一般的になってきています。

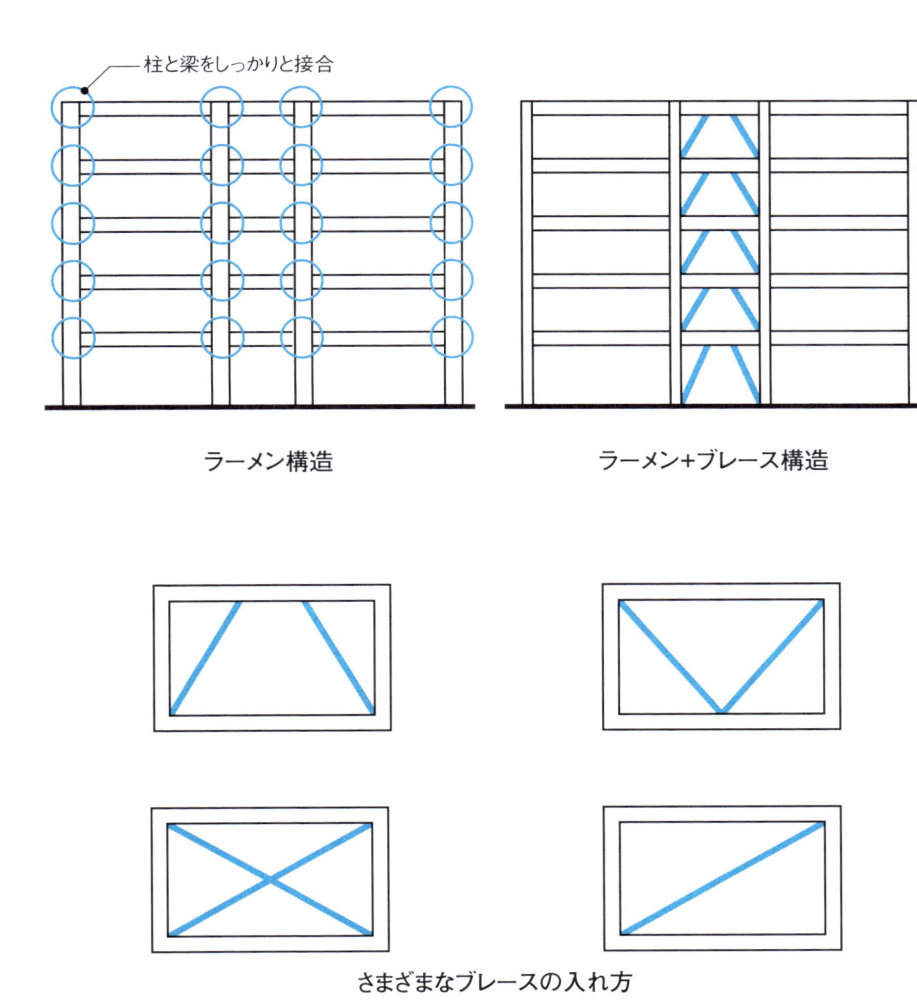

図 3-2-1　ラーメン構造とブレース構造

柱と梁をしっかりと接合

ラーメン構造

ラーメン+ブレース構造

さまざまなブレースの入れ方

3．耐震構造

3-3 構造種別と特徴

●構造材料の種類

建物の構造骨組みには多種多様な材料が用いられます。構造体に用いられる構造材料には、強度や剛性(変形のしにくさ)などの機械的性質のほかに、耐久性・耐火性、施工性、コスト、視覚性など多くの要件が関係しています。構造体の材料によって、木質構造、鉄筋コンクリート構造、鋼構造などの構造種別に分けられます(表 3-3-1)。

●木質構造

木質材料は、繊維方向によって強度が異なり材料による強度のばらつきも大きいですが、重量当たりの強度が最も高く、二酸化炭素のサイクルの観点でサステナブル(持続可能)であり人にやさしい材料といわれています。火災に対して弱いという欠点がありますが、耐火性の高い仕上げを施すとか、大きな断面の木部材を用いて、部材の外周部が燃えても中心部まで燃えずに耐力を確保できるようにするなど、いろいろな工夫がなされています。日本には森林が多いので、じょうずに木材を活用していくことも重要です。

●鉄筋コンクリート構造

鉄筋コンクリート構造は、圧縮力に強いコンクリートと引張力にも効く鉄筋とを組み合わせることで大きな抵抗力を発揮するものです。建物の重量はほかの構造より重くなり型枠などの仮設材も必要ですが、自由な形状の建物ができ、地震力やそのほかの力に対して変形しにくい特徴をもつ構造です。遮音性に優れているため高層集合住宅などの構造としてよく用いられます。

●鋼構造

鋼構造は、鉄筋コンクリート構造と比較すると強度の割に軽い構造が実現できます。このため、重量が大きくなりがちな超高層建物、体育館や工場な

ど広い空間を必要とする用途などでよく用いられています。工場で製作された柱や梁などの部材を建設現場で組み立てるので、材料の特性が安定しており現場での作業も少なくてすみます。一方、強度は高くできるのですが、撓みやすいという欠点もあります。また、耐火性に劣るため通常は耐火被覆や耐火塗料などを用います。

表 3-3-1　材料の特性比較

木質構造の特徴	
長所	短所
・軽く、重量の割には強度が大きい ・経年変化が少ない ・テクスチャー（材質感覚）が柔らかい、CO_2の排出量が少ない	・耐火性は劣る。ただし、大断面部材では表面が炭化して内部が残る ・無処理では腐りやすい ・強度のばらつきが大きい ・接合部が弱点で剛接合は困難 ・剛性が低い 　⇒比較的小規模建築に用いられる

鉄筋コンクリート構造の特徴	
長所	短所
・耐久性、耐火性に優れている ・自由な形がつくれ、面的な構造が簡単につくれる ・剛な接合が簡単につくれる ・剛な構造が可能、遮音性も高い 　⇒居住用途に合う	・強度の割りに自重が大きい ・乾燥によって収縮し、ひび割れが発生しやすい ・クリープ変形（経年による変型）が生じやすい ・型枠が必要で仮設材が多い 　⇒対策：プレキャスト化 ・強度出現に時間がかかる 　⇒対策：プレキャスト化

鋼構造の特徴	
長所	短所
・引張、圧縮いずれも大きい強度をもつ 　ただし、圧縮材は座屈による不安定現象がある ・靭性が大きい（エネルギー吸収材としての利用） ・開放的な建物がつくれる ・プレファブリケーションが容易 　⇒現場工期が短い ・工業製品であり、性能が安定している ・軽量化が可能、大スパン化が可能	・耐火性に劣り、通常は耐火被覆や耐火塗料が必要 ・錆による劣化が起こりやすい ・溶接接合部の品質のばらつきがある（現場施工性が劣る） ・高層建物では風で揺れやすい、大スパンでは歩行時振動が大きい

3-4 木質構造のしくみ

●木質構造の材料

　木質構造は、主として木を骨組みに用いた構造です。我が国では木が手に入りやすいこともあり、古来木造が建物に用いられてきました。木質構造に用いられる材料には、切り出した木を工場で所定の形状・寸法に鋸断した製材のほかに、小さな木材などを接着して大断面の材料に加工した集成材、薄板を積層接着したLVL、合板など多様な材料があります。天然の木材は性能や外観面での利点もありますが、材質のばらつきなどの問題点もあります。集成材やLVLなどは、機械的性能等を規格化し構造的性能を確保しようとしたもので、「エンジニアードウッド」と呼ばれています。

●在来軸組構造と壁式構造

　木質構造としては、柱・梁＋筋かいなどを用いた在来軸組構造や、壁パネルなどの耐力壁で水平力に抵抗させる壁式構造などが戸建住宅に多く採用されています。在来軸組構造で部材同士をつなぐ継手・仕口には、伝統的な手法が用いられ、接合金物などで緊結されます（図3-4-1）。この構造では、筋かいの太さや数、柱・梁・筋かいなどの接合部の強度、建物全体的な構造のバランスなどにより耐震性能が異なります。また壁式構造では、一定の規格寸法をもつ木材の枠組みに合板などを釘留めする枠組壁構造（図3-4-2）や、工場であらかじめパネル化したものを建設現場にて組み立てるプレハブ工法などがあります。

　このほかに、集成材などの大断面部材を用いてラーメンやアーチなどの架構をつくる構造もあります。在来軸組構造では、柱と梁の接合部を剛に一体化することが難しいので、水平方向の地震力や風圧力に抵抗させるために、筋かいや板（パネル）を用いるのですが、大断面の集成材を柱・梁に用いることで、鉄筋コンクリート構造や鋼構造でつくられるようなラーメン構造を実現することもできます。

木材とほかの構造材料とを組み合わせて用いる多様な構造も提案されています。たとえば耐火性や強度の点で優れた鉄筋コンクリート構造と組み合わせて、耐震性の高い大規模な構造を実現することも可能となります。

図 3-4-1　在来軸組構造のしくみ

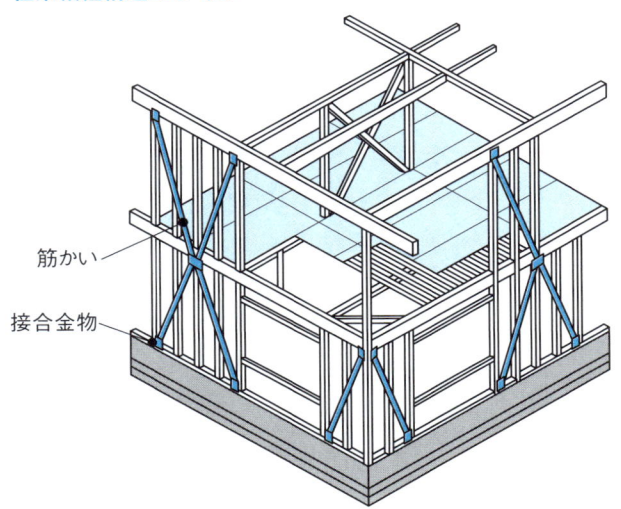

筋かい
接合金物

図 3-4-2　枠組壁構造のしくみ

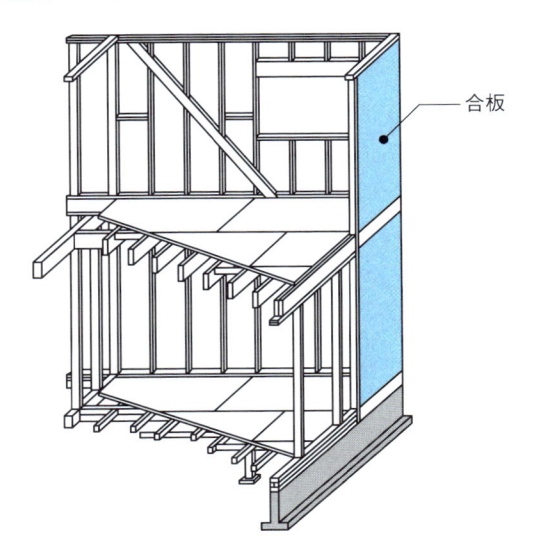

合板

3・耐震構造

3-5 鉄筋コンクリート構造のしくみ

●鉄筋コンクリート構造のつくりと原理

　鉄筋コンクリート構造は、鉄筋とコンクリートとを組み合わせて多様な力に抵抗できる部材をつくるものです。一般には、現場で加工した鉄筋を組んだ周りに型枠を立て込んで、その中にコンクリートを流し込むという手順で施工します。型枠や型枠を支える支柱など仮設材が必要ですが、型枠の形状に合わせた自由な形をつくることが可能です。

　柱などの軸方向（長手方向）に作用する圧縮力に対してはコンクリートと鉄筋が抵抗しますが、引張力に対しては主として鉄筋が抵抗します。また柱・梁部材を曲げる力（曲げモーメント）に対しては、断面の中の引張力を受ける側は引張力に強い鉄筋で抵抗し、圧縮力を受ける側は圧縮力に強いコンクリートで主に抵抗するというものです。引張力に弱いコンクリートだけだと、曲げを受けると壊れてしまうのをうまく鉄筋で補強するのです。

　柱や梁では、主筋と呼ばれる部材の長手方向に配置された鉄筋のほかに、あばら筋・帯筋などと呼ばれる主筋の周りを巻くように配置される鉄筋が配置されています（図3-5-1）。主筋は部材方向の引張力や圧縮力などの軸方向力、および部材を曲げる力（曲げモーメント）に抵抗しますが、あばら筋・帯筋は、部材の軸に直角な方向の力（せん断力という）に抵抗するので、せん断補強筋と呼ばれています（図3-5-2）。せん断補強筋は部材の変形性能を高めるのに有効です。また柱のせん断補強筋は、内部のコンクリートを閉じ込める働きもしますので、もし外側のコンクリートが剥がれても中のコンクリートで荷重を支えることができます。

　しかし、柱の幅の割に長さが短い柱で、せん断補強筋が少ないとせん断破壊と呼ばれる大きな斜め方向のひび割れをともなう破壊形式となり、中のコンクリートが外側にはじけてしまいます。こうなるともはや建物の重量を支えられなくなってしまいます（図3-5-3）。

図 3-5-1　鉄筋コンクリート構造の配筋

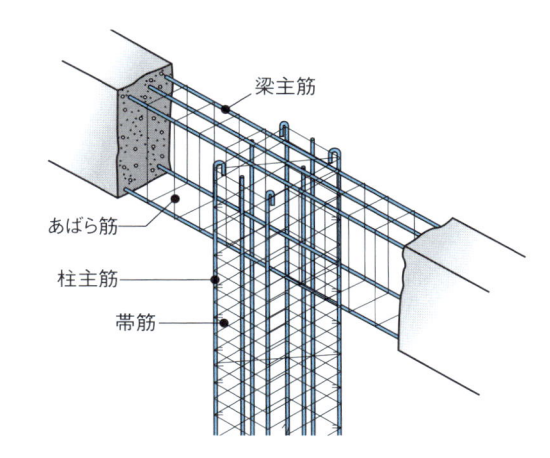

梁主筋
あばら筋
柱主筋
帯筋

図 3-5-2　鉄筋コンクリート構造の原理

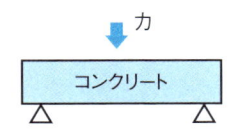

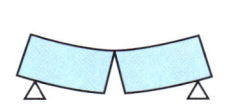

力
コンクリート

せん断ひび割れ
主筋

せん断補強筋

上から力をかけたとき、鉄筋がないと割れてしまう。

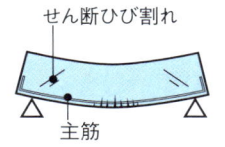

下端に鉄筋（主筋）を入れると割れない。斜めのせん断ひび割れは生じる。

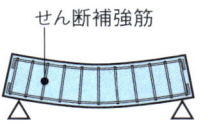

主筋に直角なせん断補強筋を入れると、せん断ひび割れが少なくなる。

図 3-5-3　鉄筋コンクリート柱の破壊形式

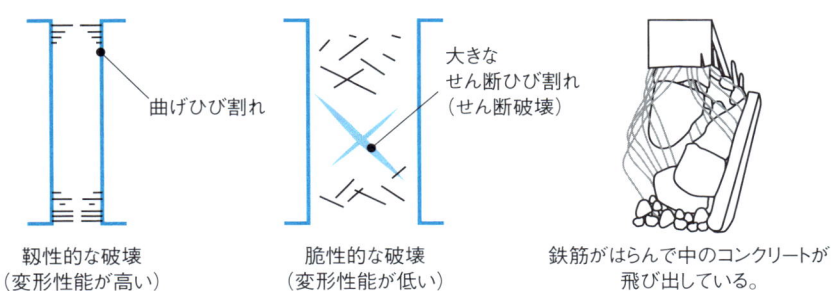

曲げひび割れ

大きなせん断ひび割れ（せん断破壊）

靱性的な破壊
（変形性能が高い）

脆性的な破壊
（変形性能が低い）

鉄筋がはらんで中のコンクリートが飛び出している。

3・耐震構造

●プレストレストコンクリート構造

　鉄筋コンクリート構造の施工は、通常建設現場にて鉄筋を組み、型枠を立て込んでコンクリートを流し込むのが一般的ですが（現場打ちコンクリートという）、あらかじめ工場で部材を製造して、現場でこれを組み立てるプレキャストコンクリート構造もあります。プレキャストコンクリート部材を用いる場合には、これを現場で組み立てて、ほかの部材と金物を用いてボルトや溶接で接合したり、部分的に現場打ちコンクリートなどを用いたりして接合します。

　また、一般の鉄筋コンクリートの梁より大スパンが実現できるように、強度を高めることやひび割れを生じさせないことなどを目的として、PC鋼線を鉄筋コンクリート部材の中に入れて、これに工場や現場で引張力を作用させるプレストレストコンクリート構造もあります。この構造では、PC鋼線を引っ張ることでコンクリートに圧縮力を作用させ、荷重が作用してもコンクリートにひび割れが生じにくくさせます（図3-5-4）。

● CFT

　最近ではコンクリートの強度も非常に高いものがつくれるようになり、これを高強度鉄筋と組み合わせることで、高強度で変形性能の高い鉄筋コンクリート部材をつくれるようになりました。このため、鉄筋コンクリート造の超高層建物も多く建設されるようになりました。また、鋼管とコンクリートとを組み合わせることで強度を格段に高めることができるCFT（Concrete Filled Tube）を柱に用いた超高層建物も多く建てられています。CFTでは、中に充填されたコンクリートを鋼管が拘束することでコンクリート部分の強度が高まるのと、充填コンクリートが周囲の鋼管が座屈する（はらみだす）のを防止する効果の両方が得られるのです（図3-5-5）。

　このほかにも、鉄筋コンクリート構造と鋼構造など異なる構造を組み合わせることで、経済性や施工性を高めたハイブリッド構造と呼ばれるものもあります（図3-5-6）。

図 3-5-4　プレストレストコンクリート構造の原理

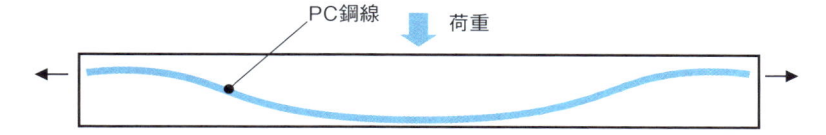

PC鋼線　荷重

PC鋼線を引っ張ると、コンクリートに圧縮力が作用し、ひび割れしにくくなる。

図 3-5-5　CFT の原理

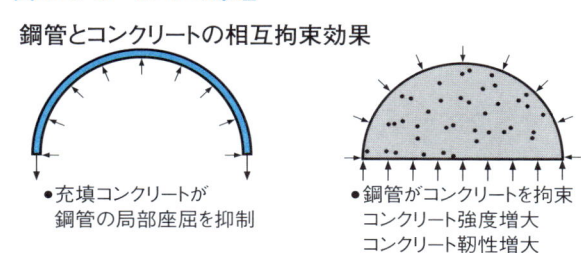

鋼管とコンクリートの相互拘束効果

- 充填コンクリートが鋼管の局部座屈を抑制
- 鋼管がコンクリートを拘束
  コンクリート強度増大
  コンクリート靱性増大

コンクリートが鋼管に拘束されることで圧縮強度が高まる。コンクリートが鋼管の座屈を抑制する。

図 3-5-6　ハイブリッド構造の例

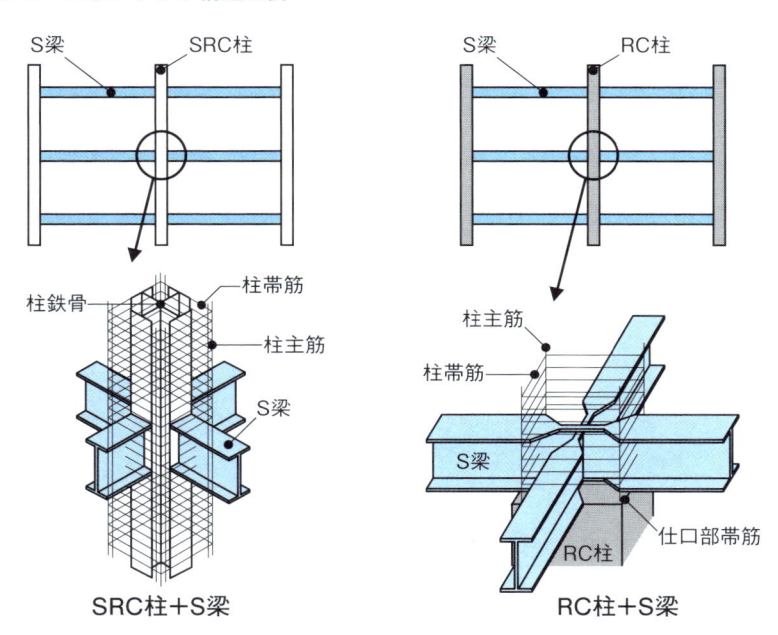

S梁　SRC柱

柱鉄骨
柱帯筋
柱主筋
S梁

SRC柱＋S梁

S梁　RC柱

柱主筋
柱帯筋
S梁
RC柱
仕口部帯筋

RC柱＋S梁

RC：鉄筋コンクリート／S:鉄骨／SRC:鉄筋鉄骨コンクリート

3・耐震構造

3-6 鋼構造のしくみ

●鋼材の種類と座屈

　鋼構造には、多様な形状の鋼材が用いられます。角形鋼管、円形鋼管、H形鋼、山形鋼、溝形鋼、平鋼などが代表的な鋼材です（図3-6-1）。これらの部材を柱、梁、ブレース（筋かい）などに用いて、ボルトや溶接により接合して構造体を構築します。鋼材は単位面積当たりの強度が高いので、小さな断面で大きな荷重を支えることができ、高層建物や大空間建物などに多用されています。しかし、長さの割に断面が小さいと、全体が急にたわんでしまう座屈という現象が発生し、十分な耐力が得られなくなります。また、部材の板要素の一部が部分的に座屈することもあり、通常はこのような現象が生じないように設計されています（図3-6-2）。

●鋼構造のつくり

　図3-6-3は柱と梁とを剛に接合するラーメン構造の例です。この例では柱に角形鋼管、梁にH形鋼が用いられていますが、一方向にブレースを入れる構造方式を採用する場合には柱にH形鋼を用いる場合もあります。また一般には柱同士をつなぐ大梁の間にさらに小梁を架け渡します。その上にデッキプレートという波形の薄板を敷き、鉄筋を配してコンクリートを流し込むことでスラブ（床版）をつくります。このような柱や梁などの部材は、工場から現場までトラックで運送できる大きさにして、現場にてクレーンを使いながら組み立てて建物の形にしていきます。部材を接合する位置は、通常はスパンや階高さの中間で、比較的作用する力が小さくなるところにしています。

　地震時の大きな水平力に効率的に抵抗させるためにはブレースがよく用いられます。ブレースには、X形、ハの字形、方杖形などの入れ方があり、角度によって効き方が異なりますが、建物の通路などの計画に合わせて設置形状を使い分けます。ブレースに細い鋼材を使った場合、圧縮力に対しては座

屈してしまうため、効かなくなります。そのため座屈を生じさせないようにコンクリートなどで補剛することもあります。

図 3-6-1　鋼材断面の例

- 角形鋼管
- H形鋼
- 溝形鋼
- 円形鋼管
- 山形鋼
- 平鋼

図 3-6-2　鋼構造部材の座屈現象

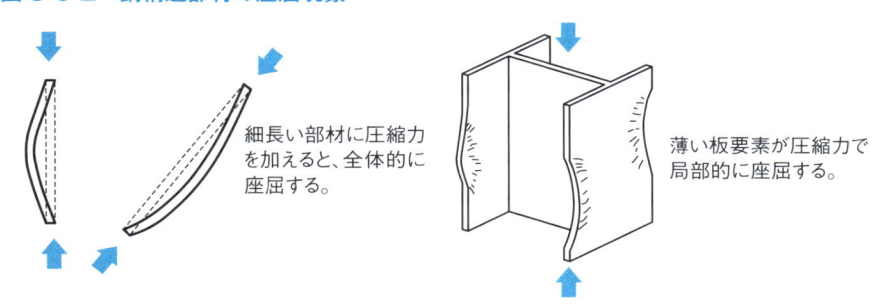

細長い部材に圧縮力を加えると、全体的に座屈する。

薄い板要素が圧縮力で局部的に座屈する。

図 3-6-3　鋼構造骨組の例

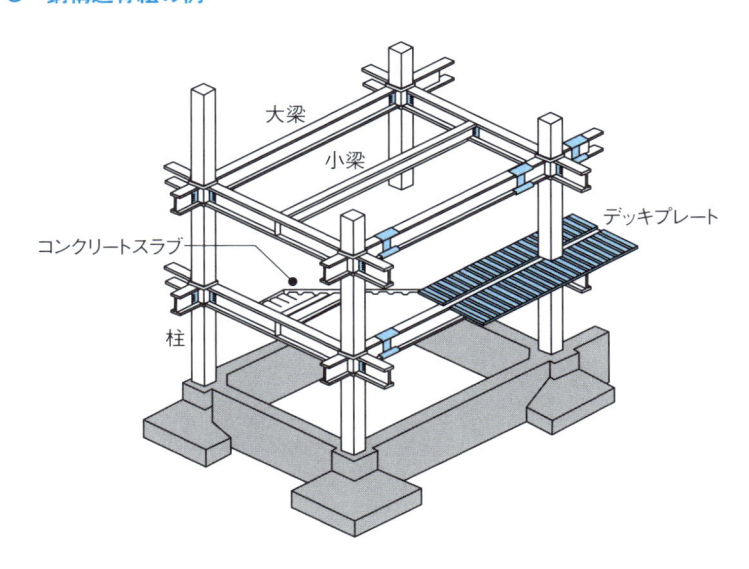

- 大梁
- 小梁
- デッキプレート
- コンクリートスラブ
- 柱

●溶接

　鋼構造は工場で製作された部材を建設現場で組み立てるため、各部材をしっかりと接合することが必要です。接合方法の代表的なものは、溶接とボルト接合です。溶接は鋼材に熱を加えて溶解し、鋼材同士をつなぐ方法です。溶接には各種の方法があり、鋼材や接合部位などに応じて適した工法を用いて接合します。完全に溶け込ませた溶接をすると力の伝達がほぼ完全にできますが、溶接部の強度を確保するためには、溶接時に温度が高くなりすぎないようにするなど慎重な施工が必要になります。溶接として最もよく使われるのがアーク溶接といわれるもので、母材とそれに近づけた溶接棒の先端に高い電圧を加えてアークを発生させ、母材の一部と溶接棒に入っている金属を溶かして母材間を接合します（図3-6-4）。アーク溶接は手溶接ですが、このほかに炭酸ガスアーク溶接（半自動溶接）や自動溶接法もよく用いられます。

●ボルト接合

　ボルト接合としては、軽微な構造のものを除いて高力ボルトによる摩擦接合方式のものが多く用いられています。これは、柱や梁によく使われる鋼材の2倍程度の強度を有する高力ボルトを用いて、これを接合する鋼板間に通して締め付けることで摩擦面に押し付ける力を作用させ、大きな摩擦抵抗力を得るものです（図3-6-5）。このほかにも高力ボルトを引張力に抵抗するような使い方をすることもあります。高力ボルト接合では現場での寸法誤差を吸収でき、品質確保も容易という特徴があります。

　図3-6-6は、柱と梁、梁と梁の接合の例です。強度確保や施工性を考慮して、部材種別や部位ごとに最適な接合法を採用しています。

　このように、溶接やボルトにより各部材を一体化させることにより、地震力に抵抗できる骨組みが実現できるのです。

図 3-6-4 アーク溶接の例

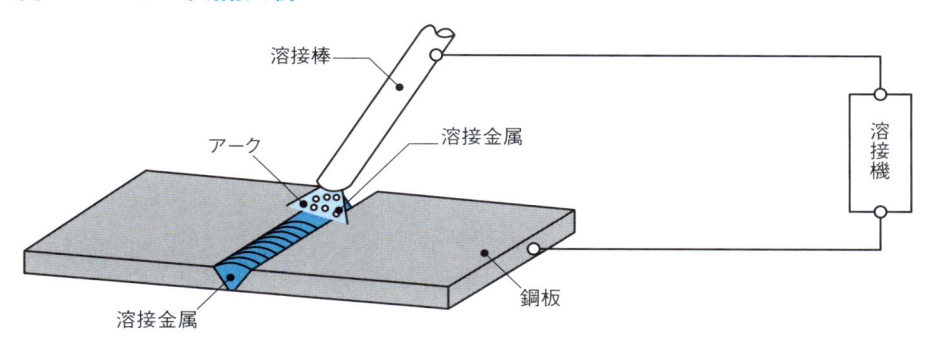

- 溶接棒
- 溶接金属
- アーク
- 溶接機
- 鋼板
- 溶接金属

図 3-6-5 高力ボルト摩擦接合の原理

- 高力ボルト
- 鋼板
- 添板
- 鋼板

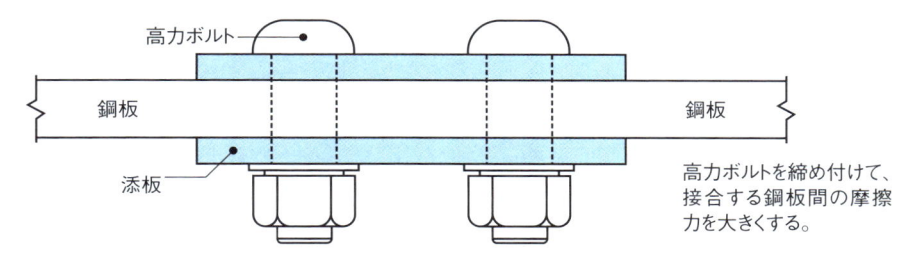

高力ボルトを締め付けて、接合する鋼板間の摩擦力を大きくする。

図 3-6-6 各部の接合法の例

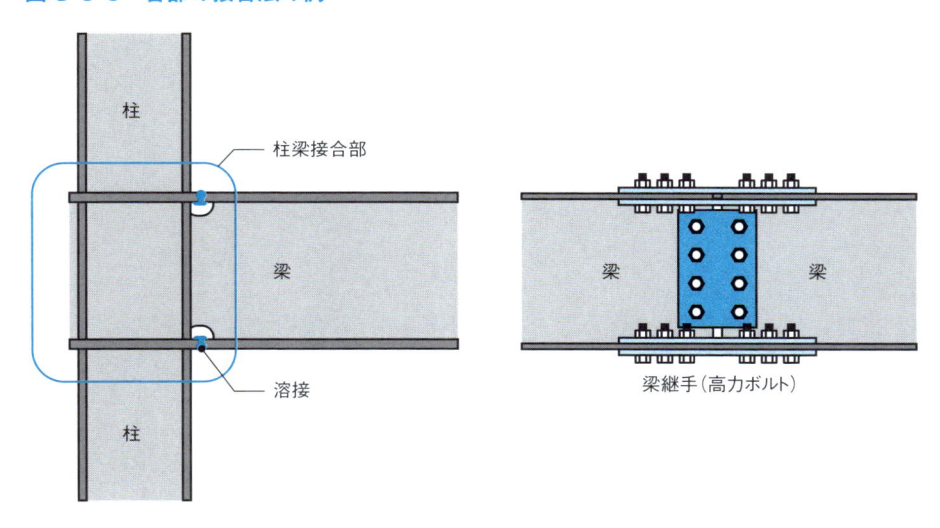

- 柱
- 柱梁接合部
- 梁
- 溶接
- 柱

梁継手（高力ボルト）

3．耐震構造

3-7 耐震診断と耐震改修

●耐震性を判定する耐震診断

　建設後時間を経た建物には、最新の耐震基準に適合していないものや、材料が劣化して十分に初期の耐力を発揮できないものなどもあります。1995年の兵庫県南部地震による阪神・淡路大震災では、旧耐震基準で設計された古い建物（1981年以前の耐震基準で設計された建物）の被害が多くみられました。このため建築物の耐震改修の促進に関する法律が定められ、建物の耐震診断・耐震改修の促進が図られています。特に災害時に避難場所・拠点として活用される公共建物、災害時の対応が必要な病院、多数の人が利用する大規模な施設などでは、強力に耐震化がすすめられています。

　このように、既に建っている建物について耐震性を判定するのが耐震診断ですが、耐震診断法では、現行の耐震基準に適合しているかどうかを、決められた手続きにしたがってチェックします。

●耐震診断のながれと種類

　耐震診断では、現地の目視調査や材料強度の試験と、設計図書に基づき耐力や変形性能を計算で求める方法を組み合わせて建物の耐震性を判定します。通常は予備的な調査の後に、本格的な試験や計算を行います（図3-7-1）。耐震診断の具体的な方法は、鉄筋コンクリート構造、鋼構造（鉄骨造）、鉄筋鉄骨コンクリート構造、木構造などによって詳細は異なります。

　鉄筋コンクリート造建物の耐震診断法には、1次診断法、2次診断法、3次診断法があり（表3-7-1）、それぞれ特徴があります。建物の構造の特徴や解析精度、費用などを考慮してどの診断法を用いるかの選択をします。また、木造住宅についても簡易診断法、一般診断法、精密診断法などがあります。簡易診断法は専門知識のない一般の人が簡便なチェックシートを用いて耐震性の確認を行えるようにしたものです。精密診断法は建築士が詳細な情報を基に正確な診断を行うものです。一般診断法は建築の知識のある人が行うも

ので精密診断法よりは評価結果にやや不確定要素を多く含みます。

図 3-7-1　耐震診断のフロー図

予備調査
- 現地目視調査・計算書建設年代
- 耐震診断方針の策定

耐震診断
- 建物現況調査
- 建物耐力算定

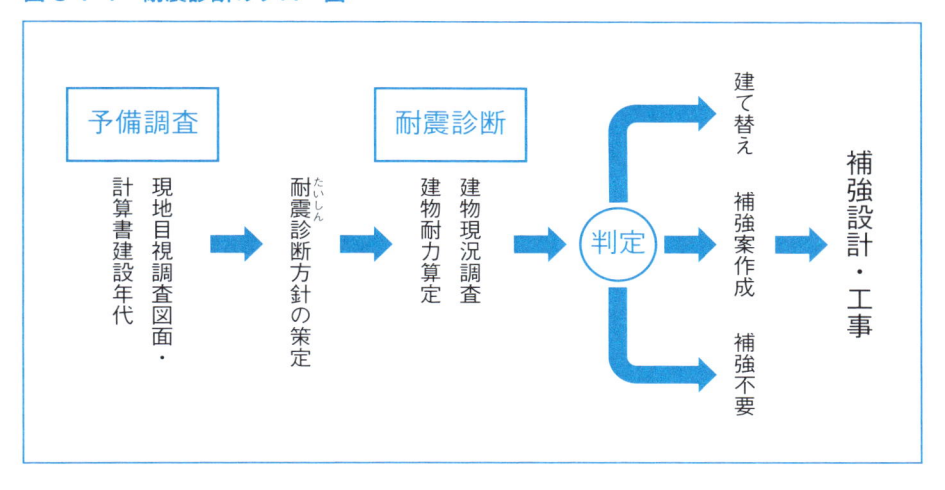

判定
- 建て替え
- 補強案作成
- 補強不要

→ 補強設計・工事

表 3-7-1　各種耐震診断方法

鉄筋コンクリート造建物の診断法	木造住宅の診断法
1次診断法 ・簡易な診断法 ・壁の多い低層建物に適する **2次診断法** ・柱・壁の耐力や靱性を求めて判定する **3次診断法** ・最も精密な診断 ・柱・梁・壁の耐力や靱性を求めて判定する	**簡易診断法（誰でもできるわが家の耐震診断）** ・一般の人向けの簡易な診断法 ・チェックリスト方式 **一般診断法** ・建築関係者が行う比較的簡易な診断法 ・代表的な部位に対する平均的評価を行う ・診断結果にはある程度の不確定要素を含む **精密診断法** ・建築士が行う詳細な診断法 ・詳細な情報に基づき正確に診断する方法 ・補強後の耐震診断にも適する

（「既存鉄筋コンクリート造建築物の耐震診断基準　同解説」、「木造住宅の耐震診断と補強方法」
（ともに一般財団法人日本建築防災協会）より）

● **耐震改修の方法**

　耐震診断の結果十分な耐震性がないと判断された場合には耐震性を高めるための改修を行う必要があります。耐震改修の方法には、強度を高める方法、変形性能を高める方法、制震構造や免震構造にする方法などがあります。

● **強度・変形性能を高める方法**

　建物の耐震強度を高める方法としては、壁や筋かい（ブレース）など水平力に抵抗できる要素をバランスよく増やしていく方法が一般的です（図3-7-2（a）,（b））。このほかに、鉄筋コンクリートの柱や梁を大きく増し打ちして強度を高める、鉄板や炭素繊維などを柱や梁に巻きつけることで、強度や変形性能を高める方法もあります。耐震改修は極力建物を使用したまま行いたいので、費用のほかに、施工期間や施工に必要なスペースの大きさ、発生する音や振動の大きさなども考慮して施工方法を選びます。耐震改修工事期間中も建物をそのまま使用し続けられるように、建物の外側に補強用の骨組みを増設する方法も提案されています（図3-7-2（c））。この場合、外観の仕上がりデザインの工夫が求められます。

● **制震構造や免震構造にする方法**

　一方、建物自体の強度や変形性能を高めるのではなく、制震ダンパーを設置して建物の揺れを低減させる方法もあります。制震ダンパーの設置法としては、鋼材ダンパーやオイルダンパー、粘弾性ダンパーなどを階の間に直接斜め方向に設置する方法、ブレースや壁を介してダンパーを水平に設置する方法などがあります。また木造建物の柱・梁・筋かいなどの取り合い部分に粘弾性体を取り付ける制震補強もあります。

　費用や敷地スペースに余裕があり、重要な内容物のある建物の場合には、免震構造化する耐震補強方法を採ることがあります（図3-7-2（d））。この免震改修として、基礎部に免震装置を設置する工法だと、地下部分の工事をともなうので工期や費用がかなり大きなものとなります。中間層に免震装置を入れる方法では、それほど大きなスペースも必要とせず基礎免震よりは手軽です。

図 3-7-2　各種耐震補強方法

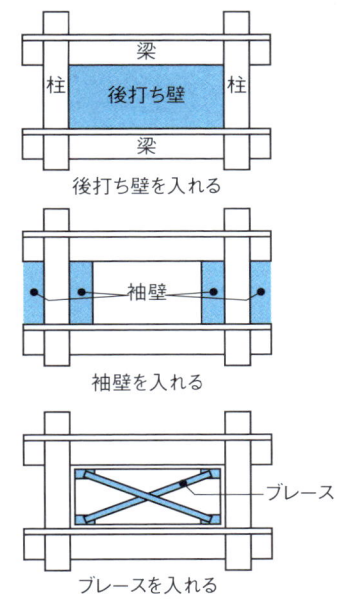

後打ち壁を入れる

袖壁を入れる

ブレースを入れる

(a) 鉄筋コンクリート造の補強例

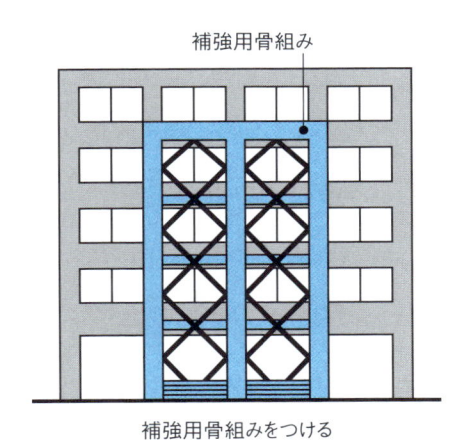

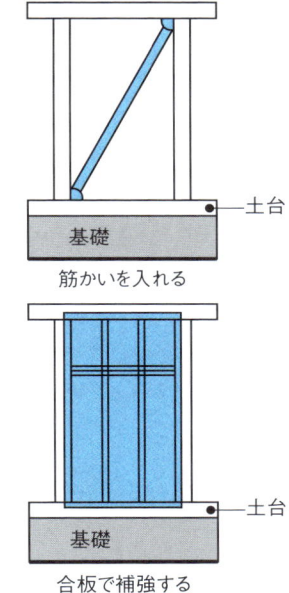

筋かいを入れる

合板で補強する

(b) 木造の補強例

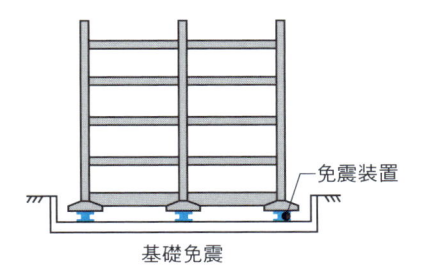

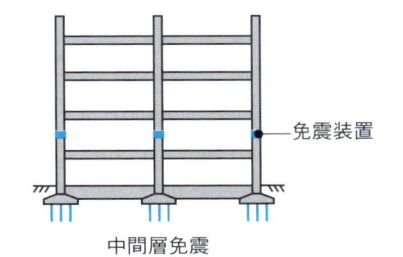

補強用骨組みをつける

(c) 建物の外部で補強する例

基礎免震

中間層免震

(d) 免震構造にする例

3・耐震構造

3-8 超高層建物の構造

●構造システムの種類

　高さが70～100mを超えるような超高層建物は、我が国に1100棟程度以上建っているといわれています。あのような巨大な建物を安全に支えるために、構造体にも多様な工夫がされています。低層建物に用いられているものより強度の高い鋼材や鉄筋コンクリートなどの材料で、大断面の柱や梁、ブレースなどの構造体を構成しています。

　超高層建物は大きな自重を支えるだけでなく、大地震や台風などにより作用する水平方向の力や揺れに対しても耐える必要があります。そのために各種の構造システムが考案されています（図3-8-1）。最も一般的な構造は、柱と梁とからなる骨組みに耐震ブレースや制震ダンパーを組み合わせた構造です。上下階につながる連層の耐震ブレースが水平方向に作用する地震力に抵抗して、地震時に安定な骨組みとなっています。この頂部階や中間階の一層分を用いて斜材と組み合わせたバンド状のトラス架構（ハットトラス、ベルトトラス）を、連層の耐震ブレースと組み合わせるものもあります。また、建物外周部の柱・梁を密に設置することで網の目のような構造をつくり、建物が全体として筒のような構造になっているチューブ構造も多くの超高層建物に採用されています。チューブ構造には、二重、三重のものや、周辺フレームに斜材を配した構造など多様な形のものがあります。また、いくつかの部材を組み合わせて大きな柱や梁のような構造を形づくるスーパーフレーム構造にもいろいろな形式があります。東京都庁舎も代表的なスーパーフレーム構造の一つです。

　超高層建物は非常に多くの構造部材で構成されていますが、この個々の部材にどのような力が作用するのか、全体として地震時にどのように揺れるのかなどについて、コンピュータを用いて計算して安全性を検討しています。

図 3-8-1 超高層建物に用いられる構造システム

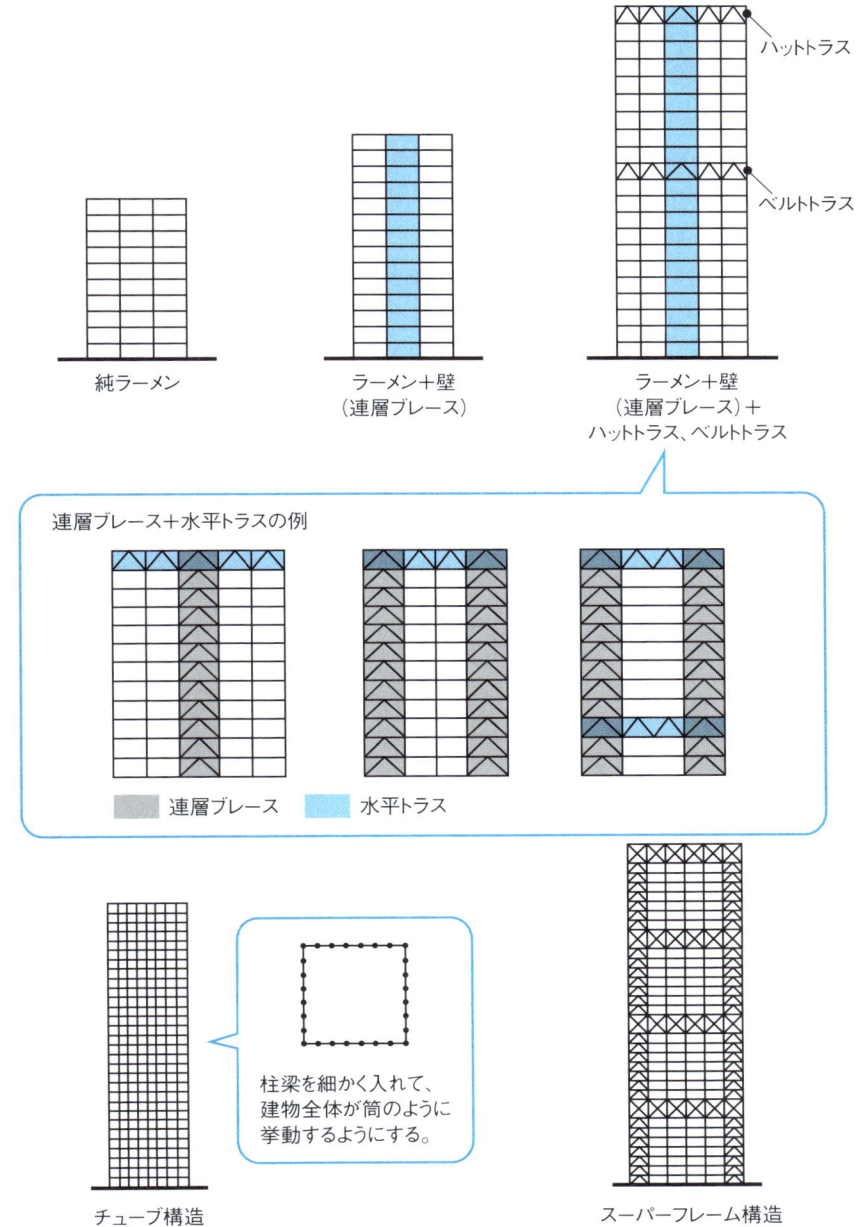

純ラーメン

ラーメン＋壁
（連層ブレース）

ラーメン＋壁
（連層ブレース）＋
ハットトラス、ベルトトラス

ハットトラス
ベルトトラス

連層ブレース＋水平トラスの例

■ 連層ブレース　■ 水平トラス

チューブ構造

柱梁を細かく入れて、建物全体が筒のように挙動するようにする。

スーパーフレーム構造
（スーパーストラクチャー）

3・耐震構造

●超高層建物と長周期地震動

　超高層建物は全体としてゆっくりと揺れる長周期構造物なので、地震の衝撃力を和らげるために、大きさの割にはそれほど大きな地震力は作用しません。しかし、地震波の中には超高層建物を大きく揺する（共振させる）長周期の成分を多くもったものもあります（図3-8-2）。

　2003年の十勝沖地震では、震源より200km以上離れた苫小牧で、石油タンクが大きく揺れるスロッシング現象を生じて大規模な火災が発生しました。この揺れを引き起こしたのが長周期地震動と呼ばれるものです。このような長周期地震動は、大きなマグニチュードの地震により、関東・濃尾・大阪などの大規模平野で発生しやすいものです。2011年3月の東北地方太平洋沖地震では、関東地方の超高層建物も長時間にわたり大きく揺れました。また、震源から600kmも離れた関西でも超高層建物が大きく揺れて内部に被害を生じたものもありました。マグニチュードの大きな地震だと震源の遠い地震でも大きな長周期地震動を生じることがあります。周囲の中低層建物の被害が少なくても、超高層建物に被害を生じることがあるので注意が必要です。

　長周期地震動で卓越する周期（よく揺れる周期）は、どの場所でも同じという訳ではなく、建物の建つ周辺地域の深い地盤構造で決まります。

●長周期地震動の対策

　長周期地震動に対しては、超高層建物の揺れる周期を地震波の卓越周期とずらしてやればよいのですが、建物の高さが決まると揺れる周期は概略決まってしまうので、このような対策を採ることはなかなか難しいのです。昔建てられた超高層建物で、このような長周期地震動を想定しないで設計・建設されたものでは、必要に応じて長周期地震動に対する揺れを低減させるためにダンパーを設置する制震補強を施すことが有効です。ダンパーはなるべく効きのよい場所に集中的に配置して、費用や使い勝手の面からも効率化をめざすとよいでしょう（図3-8-3）。

図 3-8-2　長周期地震動による超高層建物の揺れ

揺れは小さい

大きく共振する

一般的な地震動が入力された場合

長周期地震動が入力された場合

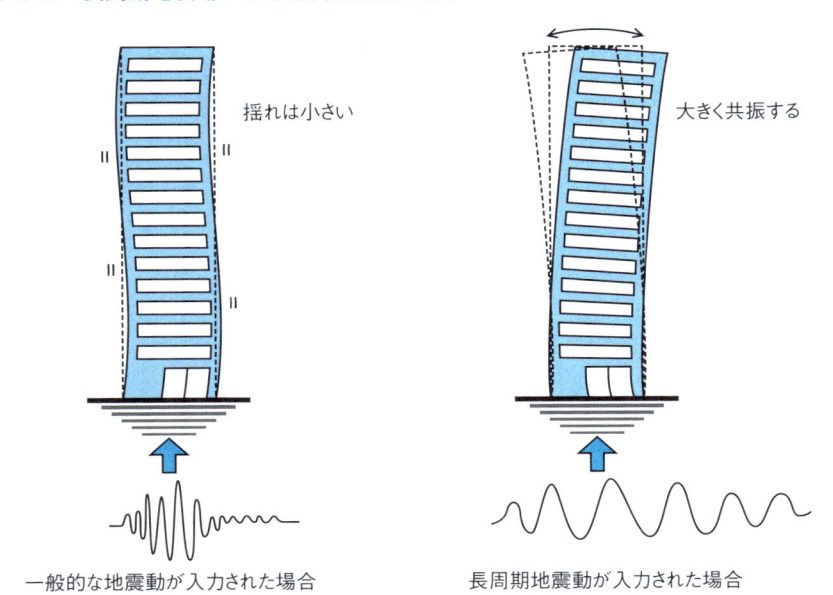

図 3-8-3　超高層建物の制振補強

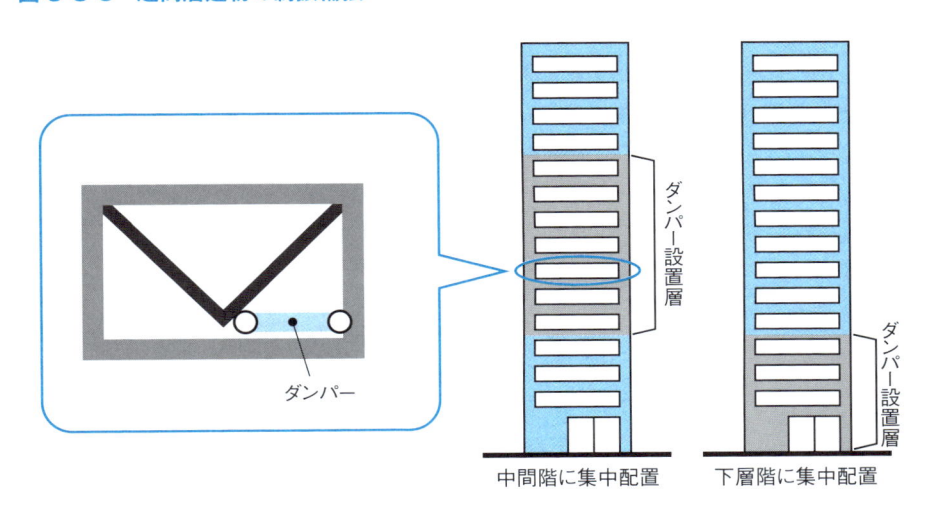

ダンパー

ダンパー設置層

ダンパー設置層

中間階に集中配置

下層階に集中配置

制震ダンパーを効率的に集中配置する

⚠️ 五重塔について

　五重塔は我が国の古くからある高層建築です。現存するものとしては法隆寺の五重塔が最も古いですが、ほかにも全国に80基程度あり、このうち江戸時代以前のものは22基とのことです。古い五重塔は落雷などにともない焼失したものが多いようです。しかし不思議なことに、地震国である我が国において、五重塔が地震で多少の部分的な被害は受けても崩壊したという記録は残っていないといいます。このため、なぜ五重塔が地震で壊れないのか、ということに関していろいろと議論がなされてきており、最近では五重塔のモデルを用いた振動実験やコンピュータによる詳細な解析なども行われています。

　五重塔の構造は、塔身の骨組みと軒、心柱とで構成されています。耐震性が高いことの説明として、塔身が柔らかいため免震のような働きをして地震力が小さくなる、各層の塔身の木組みが揺れに応じて摩擦を生じ、振動のエネルギーを吸収する、心柱が各層のエネルギー吸収を均一化させる、心柱が振り子のように動き全体の揺れを小さくする、塔の側柱部分が地震のときに浮き上がって、塔全体としての水平方向への振動エネルギーが少なくなる、などの諸説が出されています。今のところ、これらのうちどれが正しいのかといった検証は完全にはなされていません。

　そもそも、五重塔といってもそれぞれの塔で形状や骨組みの組み方も異なる上、心柱の留め方も異なります。心柱の足元を埋め込んだもの、礎石の上に載っているもの、心柱が最下層まで通っておらず、初重の天井の上で支えられているもの、心柱を塔の上の方から吊っているものなど多様です。今までに経験してきた地震力もそれぞれの地域で異なると考えられます。

　いずれにしても、五重塔は我々の耐震に対する想像力を掻き立ててくれる、とても魅力的な存在です。現代の建物の耐震を、歴史的で美しい五重塔を眺めながら考えるというのも素晴らしいのではないでしょうか。

第4章

制震構造

4章では、地震のエネルギーを吸収して建物の揺れを収める
制震構造を解説します。制震構造のしくみや方式、
また、各制震装置の原理などをみてみましょう。

4-1 制震のしくみ

●制震の概念

　制震は、耐震・免震と対比される建築・土木構造物の構造設計上の考え方です。いずれにも「震」が含まれており、地震それも比較的大きな地震に対して、構造物の安全性や機能を確保する概念であると理解されています。

　地震時の建物の振動低減方法としては、(1) 建物の固有周期を地震波がパワーを多くもっている周期帯から外す（非共振化）、(2) 建物自体の減衰を増加する（減衰付加）、の2つが考えられます。これらの方法を免震は利用していますが、制震は建物に入ってきた地震のエネルギーを吸収して、付加減衰効果を図る機構がほとんどです（図4-1-1）。

●制震と制振

　「制震」と読み方が同じで似た概念を表す技術用語として、「制振」があります。「制振」は広く振動制御を意味しており、風・交通による振動や床のような建物の一部だけの振動も制御対象に入ります。一方、「制震」は地震による振動が対象で、耐震・免震と同様に構造物全体の地震対策という意味合いもあります。現実には、多くの「制震」装置は地震時だけではなく強風時にも機能します。

　機械分野では、振動対策として防振や除振という考え方もあります。防振は、振動発生源の振動を外部に伝わりにくくすることです。例として、空調機の振動を建物に伝わりにくくしたり、ピアノの振動を床に伝わりにくくしたりする防振ゴムが挙げられます。除振は、精密機械のような振動を嫌う機器を周囲の環境振動から絶縁する、振動伝達経路の遮断技術です。

　本書では、制振を解説しているところも、耐震・免震と並べるために制震と記述することにしました。

●耐震と制震の違い

　柱・梁・壁といった建物の構成材料に変形能力や粘り強さがあると、建物の地震エネルギー吸収能力が増加することは、耐震の研究で昔から指摘されていました。1960年代後半から、このような能力をもつ壁が超高層建物で使われ始めました。当時は、制震という言葉は使われませんでしたが、これは今ではパッシブ制震（4-2節）に分類されます。

　しかし、振動制御という概念が強く意識されて、制震が本格的に推進されるようになったのは1980年代以降です。制震では、建物でほとんど利用されなかった機械的要素すなわち装置が積極的に取り入れられました。壁・筋かいといった従来からある耐震構造部材の利用拡大ではない、振動低減の考え方です。同時期に、自動制御の考え方を取り入れたアクティブ制震（4-2節）も本格的に研究されるようになりました。

図 4-1-1　制震の概念図

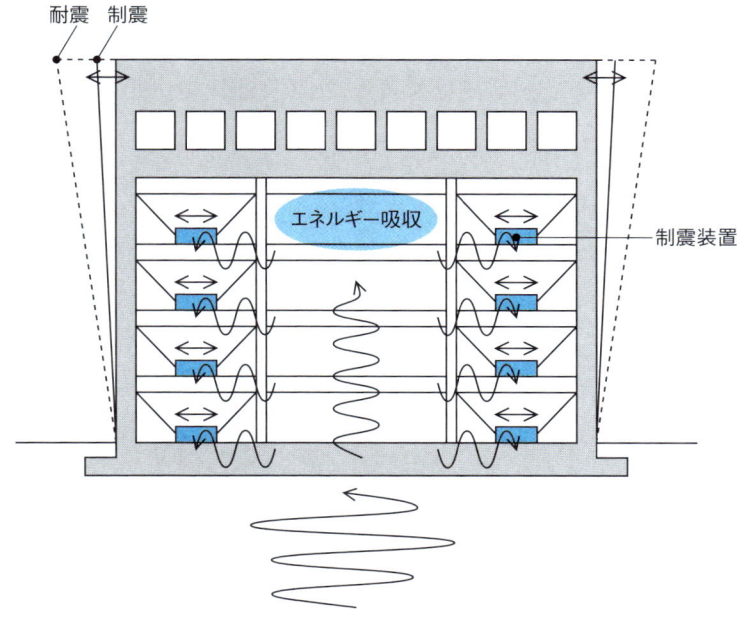

制震装置により、建物に入ってきた地震のエネルギーを吸収する。

●制震の目的

　1995年の兵庫県南部地震は、1981年から施行された新耐震設計法の妥当性を実建物で検証した結果となりました。新耐震設計法による建物は、多少の損傷を受けても倒壊せずに人命を守るという使命を果たしました。その一方で、現在のような高度情報化時代では、大地震時の構造体の安全性確保にとどまらず、建物内にある多くの機能の維持も必要であることが明白になりました。実際、耐震の役割を果たしたにもかかわらず、再利用が困難と判断されて地震後に壊された建物が数多くありました。

　2011年の東北地方太平洋沖地震では、震源から遠い地域の超高層建物も長時間にわたって大きく揺れ、建物と都市の機能維持の重要性が再認識されました。現代社会が要求するさまざまな高い機能を、構造材料の強度と粘り強さをバランスさせた耐震だけで達成することには限界があります。そこで、制震と免震が新しい構造技術として注目されています。

　制震と免震は、建物に入った地震のエネルギーを装置で効率的に吸収することで、建物の揺れを収まりやすくします。大地震を受けたときに損傷を装置に集中させ、大地震後に装置だけを交換して建物自体の建て替えを避けることも可能です。また、耐震では対処しにくい高層建物や展望塔の強風時の振動低減も担うことができます。

●制震によるエネルギー吸収

　制震装置の有無にかかわらず、建物が地震を受けると地盤から地震のエネルギーが建物内に入り、入ったエネルギーの一部は再び地盤に戻ります。建物内にとどまったエネルギーは、振動エネルギーとして建物を揺らしますが、最終的には建物自体がもつ減衰によって徐々に吸収されます。制震建物では装置がエネルギー吸収を効率的に行い、これは建物自体の減衰と同じ働きをします。吸収されたエネルギーは熱エネルギーに変換されるため、制震装置のある部分の温度は上昇します。

　図4-1-2は、時間経過にしたがって地盤から建物に入ったエネルギーがどのように分配されるかを示しています。青線で挟まれた部分が建物に残ったエネルギーで、制震装置と建物自体の減衰で吸収されています。

図 4-1-2　制震によるエネルギー吸収

エネルギー比率

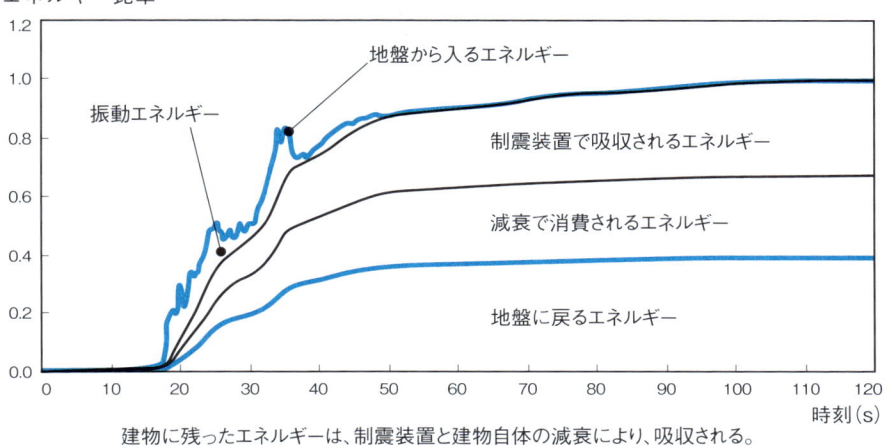

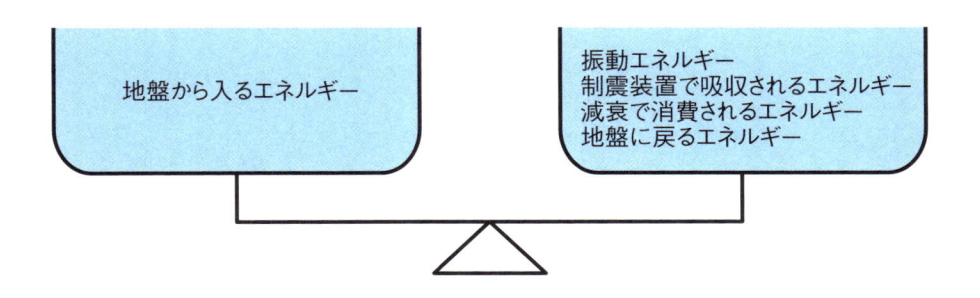

- 振動エネルギー
- 地盤から入るエネルギー
- 制震装置で吸収されるエネルギー
- 減衰で消費されるエネルギー
- 地盤に戻るエネルギー

時刻(s)

建物に残ったエネルギーは、制震装置と建物自体の減衰により、吸収される。

地盤から入るエネルギー

振動エネルギー
制震装置で吸収されるエネルギー
減衰で消費されるエネルギー
地盤に戻るエネルギー

4・制震構造

4-2 制震の駆動エネルギーによる分類

●パッシブ制震

　制震は、装置が働く際に電力などの外部供給エネルギーを必要とするか否かによって、大きく2つに分類できます。外部からのエネルギーが不要な制震がパッシブ制震です。設置した錘（おもり）が動くマスダンパー、水槽内の水が揺れるスロッシングダンパー、材料自体の変形能力をエネルギー吸収しやすいように高めた履歴型ダンパー、摩擦を利用してエネルギー吸収する摩擦ダンパー、エネルギー吸収能力を高めた筋かい（ブレース）、速度に比例した抵抗力が生じる粘性・粘弾性ダンパー、装置内にある密閉した油の移動経路を絞って粘性ダンパーと似た特性を得るオイルダンパーが代表です（図4-2-1）。

　パッシブ制震では、多くの種類の装置が商品になっています。広い意味では、積層ゴムとダンパーを組み合わせた免震もパッシブ制「震」です。免震は風には効かないため、「振」は使いません。

●アクティブ制震

　装置駆動に動力源が必要な制震がアクティブ制震です。装置を強制的に動かすアクティブ制震には、動かし方を決める制御則があり、一般にはフィードバック制御則が採用されています。フィードバック制御では、建物と装置自体の振動計測に基づいて、最適な装置の動かし方を時々刻々決めています。

　アクティブ制震は、装置を駆動させる機械的しくみ、振動を計測するセンサー、最適な動かし方を決める計算機能の3つで成立するともいえます。センサーがないパッシブ制震では、装置が自ら揺れることを待つため、効果が現れるまで時間がかかりますが、センサーのあるアクティブ制震は即時に反応します。一方、電力を必要とするアクティブ制震は、大地震には不向きで、装置、計測機器、計算機能の維持管理も重要です。価格もパッシブ制震に比較して高くなります。次に述べるセミアクティブ制震と区別するために、フルアクティブ制震ということがあります。適用されているアクティブ制震の

ほとんどはマスダンパーです。

●セミアクティブ制震

　アクティブ制震の中で、駆動エネルギーがきわめて少ないものがセミアクティブ制震です。ただし、「きわめて少ない」の定量的定義はありません。実際には、装置1台あたりの電力消費は、100～200トンの制御力で100W程度以下です。セミアクティブ制震の主流はオイルダンパーで、油流量調整弁の開度を振動に応じて調整しています。電力なしに弁の開度の調整ができる装置もあり、これはパッシブ制震に分類されています。

　セミアクティブ制震用のダンパーが免震に利用された場合は、セミアクティブ免震といわれます。セミアクティブ制震は、小地震・強風から大地震まで幅広く効果を発揮できます。

図 4-2-1　制震構造の分類

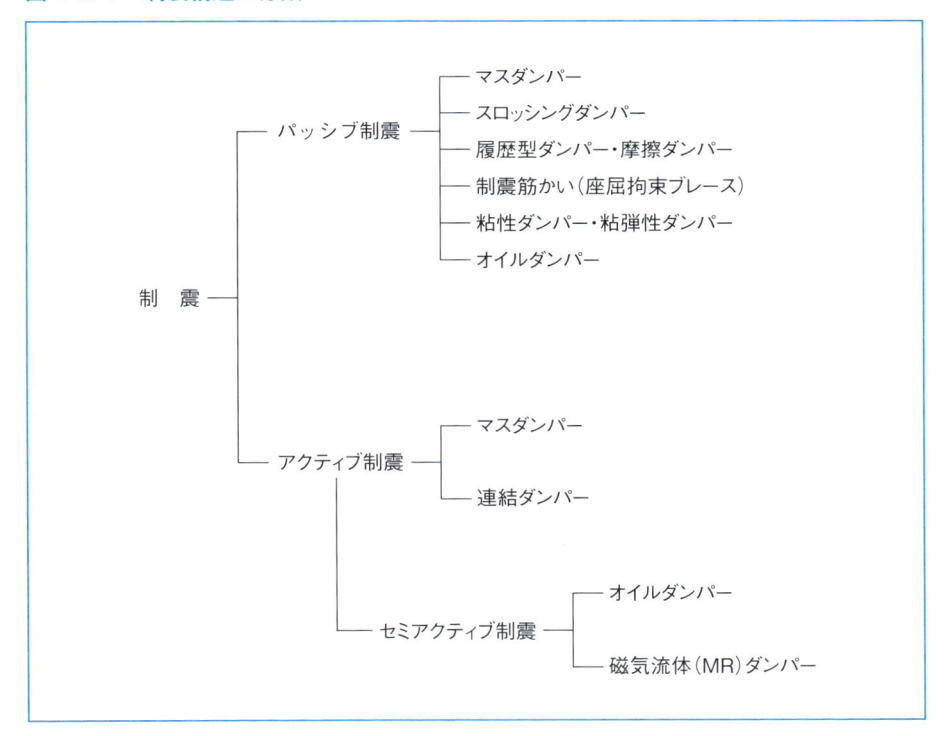

```
                  ┌─ マスダンパー
                  ├─ スロッシングダンパー
        ┌ パッシブ制震 ─┼─ 履歴型ダンパー・摩擦ダンパー
        │         ├─ 制震筋かい（座屈拘束ブレース）
        │         ├─ 粘性ダンパー・粘弾性ダンパー
        │         └─ オイルダンパー
        │
制　震 ─┤         ┌─ マスダンパー
        ├ アクティブ制震 ─┤
        │         └─ 連結ダンパー
        │
        │              ┌─ オイルダンパー
        └ セミアクティブ制震 ─┤
                       └─ 磁気流体(MR)ダンパー
```

4-3 制震の制御力作用点による分類

●一点に制御力が作用する方式

　制震構造は、装置に発生する制御力がどのように建物へ作用するかによって分類することも可能です。

　マスダンパーには、パッシブ制震とアクティブ制震の2つのタイプがありますが、いずれも錘が揺れることによって生じる慣性力を制御力として、建物の一箇所に作用させています。水槽の液体が揺れるスロッシングダンパーも、重さのあるものが揺れて一箇所に制御力を作用させる点では、マスダンパーと同じ原理です（図4-3-1）。これらのダンパーは、振動が最も大きい位置に設置することが効果的で、建物全体の振動を抑えるためには屋上階に、床の振動を抑えるためには柱と柱の中間点に装置を設置します。

●二点間に制御力が作用する方式

　履歴型ダンパー、摩擦ダンパー、粘性・粘弾性ダンパー、オイルダンパーは、柱と梁で構成されているフレーム内に設置されることが多いダンパーです。これらは上階と下階の二点間を繋ぐように、層間に設置されることが多く、層間ダンパーといわれることもあります。二点間の相対的な動きに対して働き、履歴ダンパーと摩擦ダンパーは相対変位に対して、粘性・粘弾性ダンパーやオイルダンパーは相対速度に対して反応します。免震層に設置されるダンパーも、層間ダンパーに分類されます。大地震対応の装置は、二点間に設置されるもので占められています。これらは建物フレームに多数取り付けられますが、建物が完成すると内装壁に覆われて見えなくなります。

　連結制震はダンパーで複数の建物を繋げたり、建物とそれを補強する補助的なフレームを繋げたり、1棟の建物内で振動特性が異なる複数の部分を繋げたりする制震の総称です。連結制震は二点間の相対応答に機能する点で層間ダンパーと同じですが、特定の装置による制震を意味しません（図4-3-2）。

図 4-3-1　一点に制御力が作用する制震

マスダンパー　　　　　　　　スロッシングダンパー

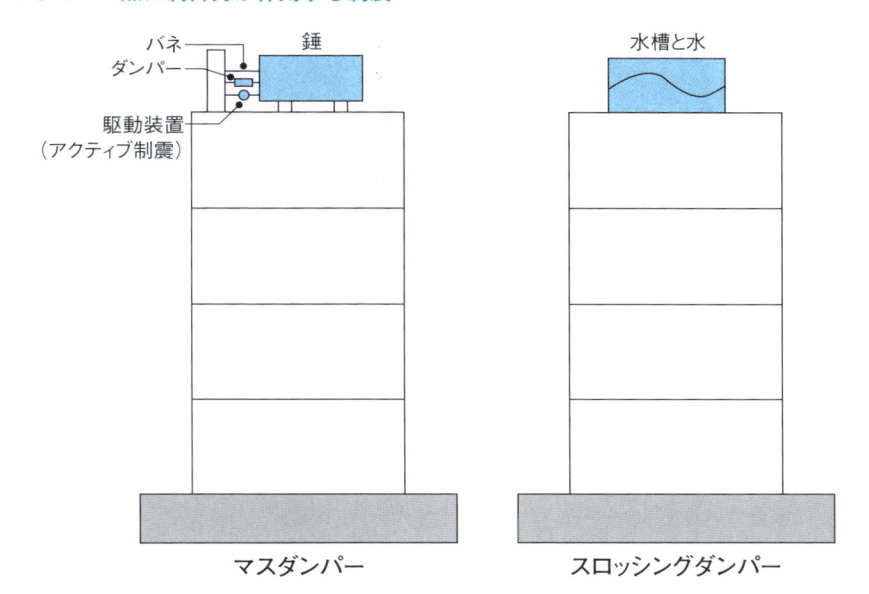

図 4-3-2　二点間に制御力が作用する制震

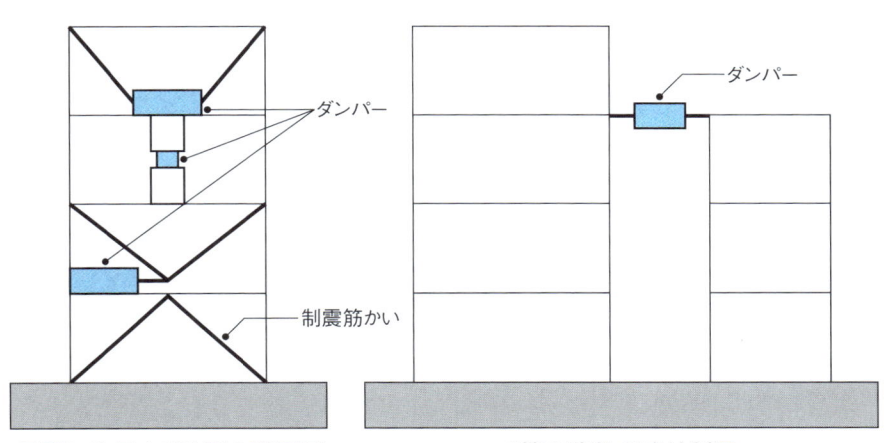

層間に作用する装置の設置例　　　2棟の建物の連結制震

4・制震構造

4-4 マスダンパーの原理

●同調型マスダンパー（TMD:Tuned Mass Damper）

　屋上階のような建物上部にバネとダンパーを備えた錘を置き、その錘を建物に共振させて建物から振動エネルギーを吸収する制御です。錘が揺れやすいように、錘の周期を建物のある1つの固有周期に合わせるため、名称に「同調型」が付いています。建物の1次周期に同調させることが一般的です。機械分野では動吸振器（Dynamic Absorber）として古くから利用され、アクティブ動吸振器と区別するためにパッシブ動吸振器ともいわれています。建築分野では、超高層建物や展望台といった塔状構造物に風振動対策として設置されるほか、床や建物間の連絡橋・渡り廊下の上下振動対策でも用いられています。居住性や常時の機能性の改善、鉄塔などの金属疲労対策が主な目的です。

●アクティブマスダンパー（AMD:Active Mass Damper）

　TMDと比較すると、アクティブマスダンパーはバネとダンパーのほかに、錘を強制的に駆動させる装置を備えています。装置の駆動に電力が必要なため、アクティブ制震に分類されます。AMDを駆動させる規則は制御則と呼ばれ、建物と装置の応答から指令信号をつくるフィードバック制御則が採用されています（図4-4-1）。これは、振動センサーと指令信号を作成する計算機能も必要なことを意味します。AMDは振動を感知して錘を強制的に動かすので、TMDに比較して即応性が高いのが特長です。AMDの定義に同調条件は含まれませんが、TMDのように錘を建物に同調させるAMDが多くなっています。これがアクティブ同調型マスダンパー（ATMD: Active Tuned Mass Damper）で、パッシブ制御とアクティブ制御の特徴を兼ね備えていることから、ハイブリッドマスダンパー（HMD: Hybrid Mass Damper）という名称も使われています。TMDの錘の上に機械で駆動させる錘を重ねた2重動吸振器も、TMDとAMDの特徴を兼ね備えています。

●同調型液体ダンパー（TLD:Tuned Liquid Damper）

　建物上部に液体の入った容器を置き、液体の揺れ（Sloshing）で生じる力を制御に利用すると同調型液体ダンパーになります。スロッシングダンパーともいわれます。最もスロッシングしやすい液体量は容器の形状によって決まるため、基本原理にTMDと同様に同調の考え方が必要です。液体の波高を抑え、TMDのダンパーの役目を担うために、容器内に減衰ネットや浮遊物が入れられることがあります。TLDは、装置機構が簡単で設置も容易という利点がありますが、液体の比重は小さく、しかも液体の全てが錘としては働かないため、TMDに比較して大きな体積が必要となります。

図4-4-1　AMDの基本原理

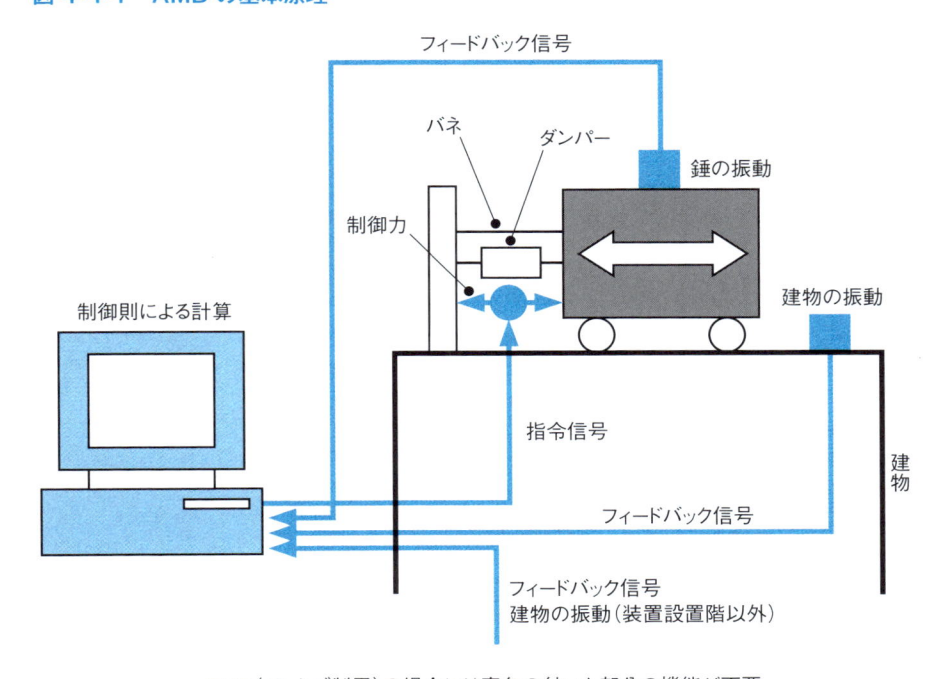

TMD（パッシブ制震）の場合には青色の付いた部分の機能が不要

4・制震構造

4-5 マスダンパーの効果

● TMD による効果の比較

　パッシブ制震である TMD の効果は、錘の建物に対する重量比、錘の周期と建物の 1 次固有周期の比率、錘と建物の間にあるダンパーの大きさ、の 3 つで決定されます。錘が大きいほど効果は高く、錘が大きく揺れて振動制御するためには、建物に共振するように錘の周期を建物の 1 次固有周期とほぼ同じにする必要があります。ダンパーは、エネルギーを効率よく吸収する大きさでなければなりません。

　図 4-5-1 は、TMD が設置された建物に一瞬だけ力を作用させ、その後は力をかけない場合、建物の変位がどのように小さくなるかを示しています。このような振動を自由振動といいます。TMD は建物に対する重量比を 1/100 とし、建物と共振させ、ダンパーは減衰定数 6% の最適値にした場合とそうでない場合を比較しています。減衰定数が 10% と 15% の場合、建物変位は最適減衰の場合よりも大きくなります。ダンパーの減衰定数が大きければよいことにはなりません。減衰定数 5% と最適減衰 6% の違いは、気になるほど大きくはありません。装置を設置しても、その調整が適切でないと効果が十分に発揮できないことがわかります。この最適調整は、マスダンパーやパッシブ制震に関係なく、あらゆる制震にいえることです。最適な TMD による建物の等価減衰定数は、非制御時の 1.0% から 3.3% に上がっています。

● TMD と ATMD の効果の比較

　この最適な TMD に駆動装置を追加して、ATMD というアクティブ制震にしてみます。ATMD は現代制御理論に基づいて設計しています。図 4-5-2 は建物と錘の変位を TMD と ATMD で比較しています。この ATMD では、建物の等価減衰定数が 3.3% からさらに 7.0% に増加し、その応答は急速に減衰しています（上図）。一方、TMD をアクティブ制震に変更したことで、錘の最大応答は増加しています。すなわち、制御効果が高くなることと

引き換えに、装置の応答は大きくなります（下図）。10〜30秒の時間帯では、TMDの応答がATMDを上回っています。ATMDは10秒までに建物の応答を急速に抑えた結果、10秒以降は大きく動く必要がなくなったのです。4-4節で述べたように、パッシブ制震では建物応答のフィードバックがないため、錘が自然に大きく動くまで効果は小さく、時間がかかります。

図 4-5-1 自由振動波形によるTMDのダンパーの大きさの比較

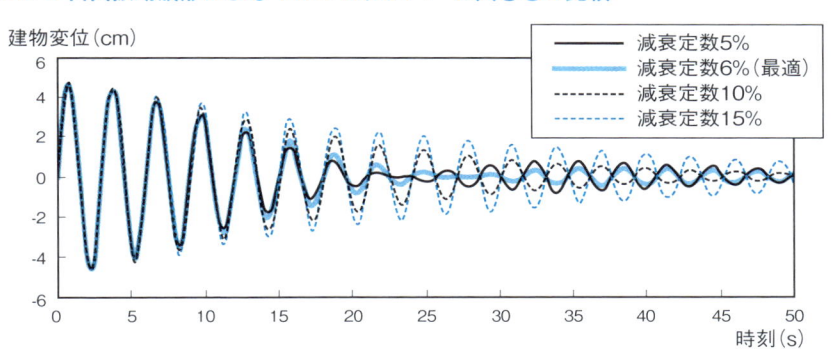

図 4-5-2 TMD（パッシブ制震）とATMD（アクティブ制震）の比較

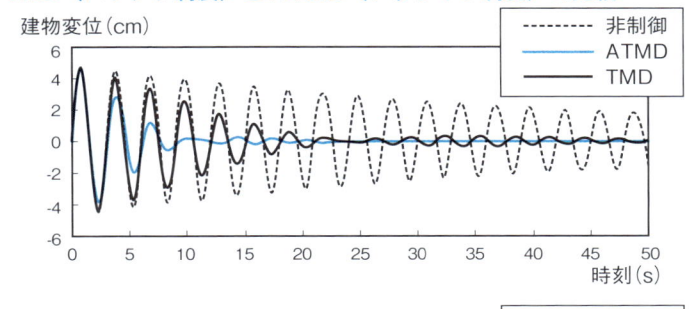

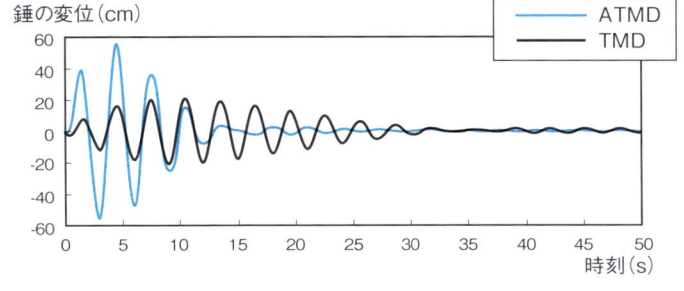

4-6 アクティブマスダンパーの実例

● AMD の実例

　1989年に10階建ての細長い事務所建物に AMD が適用され、これが世界初のアクティブ制震となりました。図 4-6-1 は建物の外観と屋上階の装置配置です。4トンと1トンの鉄製の錘が、油圧で駆動する仕組みになっています。2つの錘は建物の短辺方向に駆動して、協調しながら短辺方向とねじれ回転方向の振動を抑えます。

　図 4-6-2 は、台風通過時に AMD を駆動させたり停止させたりして、屋上で10分間の平均風速と短辺方向の建物加速度の関係を調べた結果です。加速度は速度の変化率で、建物の居住性を判断する重要な指標です。制御時と非制御時で風の吹き方が似ていたことを確認した上で比較しています。データを近似した直線の傾きが、AMD が駆動している時は 2.51 から 1.37 に下がり、効果が現れています。

　図 4-6-3 は、小地震時の AMD の効果を観測とそのシミュレーションに基づいて示しています。この建物は規模が小さいため、1次振動モード（1次固有周期で揺れる状態）で減衰が 20% にもなりました。

● AMD の減衰効果

　AMD は適用事例が多く、振動計測から確認された制御効果が多数公表されています。図 4-6-4 は、2009年に報告された AMD 適用建物の1次振動モードの減衰です。横軸は建物の適用順の番号で、先ほどの建物は番号1に該当しています（AMD 普及後は、制御効果が公表されないケースもあり、データに抜けがある）。1年間に数回程度ある強風や小さな地震時の効果ですが、平均的には 8.7% の減衰定数になっています。AMD の設置対象となる建物では減衰定数は 1〜2% 以下ですから、居住性の大きな改善といえます。

図 4-6-1　最初に AMD が適用された事務所建物と屋上の装置配置

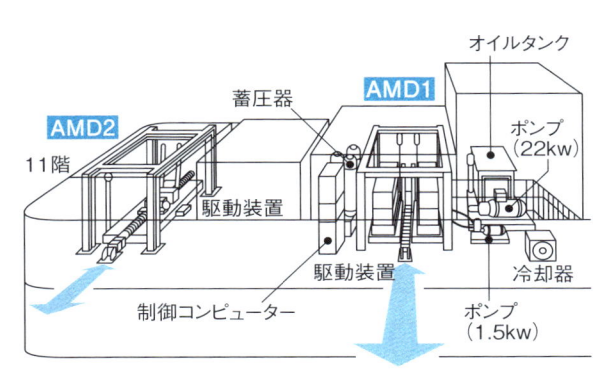

図 4-6-2　台風通過時の AMD の効果

図 4-6-3　地震時の屋上における AMD の効果

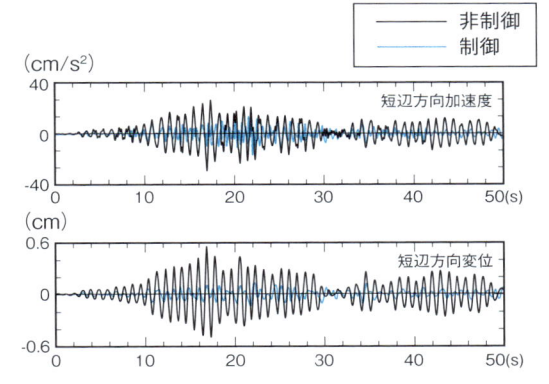

図 4-6-4　AMD 適用建物の 1 次振動モードの減衰

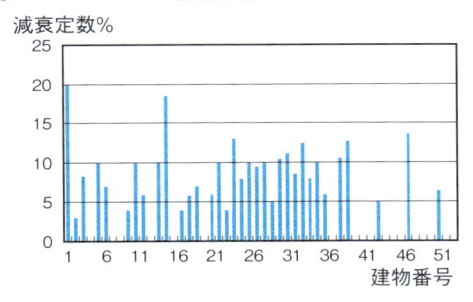

4-7 パッシブ制震の原理

●装置のエネルギー吸収能力

　パッシブ制震には実にさまざまな装置があり、その全てを本書で紹介し切れません。ただ、いずれの装置も、建物に入る地震などのエネルギーを吸収するという共通原理をもっています。図4-7-1は、一般的な建築構造部材の変位と力の関係を示しています。振動が小さいときには、力は変位に正比例するので青線上を動きますが、ある限度（降伏点）を超えると力は変位が増加するほど大きくならず、黒線のように動きます。この黒線は履歴線といわれ、それで囲まれた面積は部材のエネルギー吸収量を意味します。このエネルギー吸収は建物の振動を抑える働きをするため、減衰と同じ効果をもっています。この性質を制震・免震装置は積極的に利用しています。

●履歴型－変位依存型

　履歴を利用してエネルギー吸収を図る装置はすべて履歴型ダンパーといえますが、多くの場合、そのうち変位に直接反応するダンパーを意味します。本書でも、後者として用語を使っています。図4-7-1の降伏点以下を弾性領域、それ以上を塑性領域と呼ぶため、変位依存の履歴型ダンパーは弾塑性ダンパーともいわれます。このタイプのダンパーは、装置や材料の工夫により降伏点を低くし、履歴を描きやすくしています。履歴線は曲線の場合もあります（図4-7-2）。低降伏点鋼や鉛などの金属系材料が使われることが多く、鋼材ダンパー、鉛ダンパーなどと材料名を使った用語もあります。座屈拘束ブレース（筋かい）は、筋かいの圧縮時に生じる座屈を拘束して、引張時と同等のエネルギー吸収を行うように工夫したものです。座屈とは、細長い材料の軸方向に圧縮力を加えると、部材が横にはらみだす現象です（図3-6-2）。

●摩擦型

　摩擦ダンパーは、摩擦面に働く滑り力（摩擦力）を利用してエネルギー吸

収を行います。摩擦力は摩擦面を押し付ける力に摩擦係数を掛けた値で、それを一定にするように工夫するとダンパーの履歴形状は長方形となり、履歴面積が大きくなります（図4-7-3）。履歴型ダンパーの一種とも考えられます。

●粘性型－速度依存型

粘性ダンパーは、速度に比例して力が発生する粘性流体の性質を利用しています。この粘性の性質に、力がなくなると変形が元に戻ろうとする弾性の性質を加えたものが粘弾性ダンパーです。ダンパー自体が粘性の性質だけをもっていても、装置から建物に力を伝える部材には弾性の性質があるため、結果的に粘弾性ダンパーとなります。オイルダンパーも速度に比例した力を負担しますが、油自体には粘性の性質はないため、こちらは油の流路を狭くして速度に比例した抵抗力が得られる機構になっています。いずれのダンパーも変位と力の関係は履歴を描きますが、作動原理が速度依存型であるために変位依存型の履歴型ダンパーとは区別されます。それらの履歴形状は、丸みを帯びた楕円に近い形をしています（図4-7-4）。粘性・粘弾性ダンパーとオイルダンパーは、小さな振動でも効果を発揮するという長所があります。オイルダンパーについては、4-9節で少し詳しく紹介しています。

図 4-7-1　履歴とエネルギー吸収能力

力が変位に正比例する範囲が弾性領域
降伏点
力
変位
黒線で囲まれた面積がエネルギー吸収量

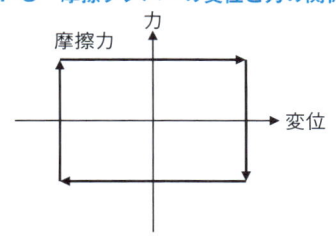

図 4-7-2　履歴型ダンパーの変位と力の関係

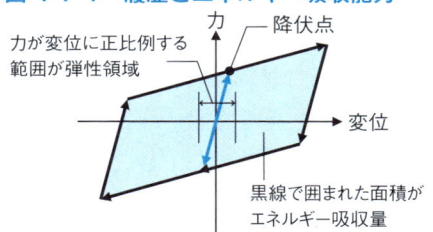

履歴線は直線とは限らない
力
変位
黒線で囲まれた面積がエネルギー吸収量

図 4-7-3　摩擦ダンパーの変位と力の関係

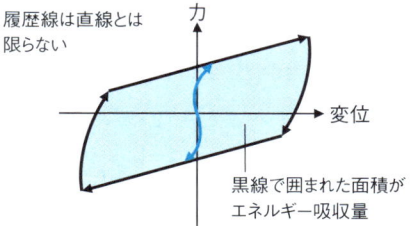

摩擦力
力
変位

図 4-7-4　粘性・粘弾性・オイルダンパーの変位と力の関係

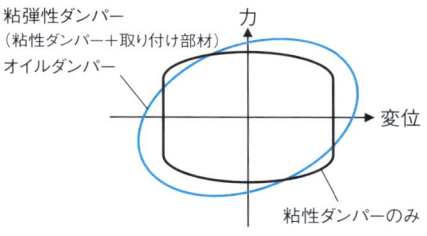

粘弾性ダンパー
（粘性ダンパー＋取り付け部材）
オイルダンパー
力
変位
粘性ダンパーのみ

4-8 パッシブ制震の実例

●パッシブ制震装置の実例

　図 4-8-1 は、2 種類の粘性ダンパーと 1 種類の座屈拘束ブレース（筋かい）です。(A) の壁型粘性ダンパーは、粘性体を充填した外部鋼板の間に内部鋼板を挿入しています。左側には壁の設置状況を、右側には内部鋼板が 1 枚と 2 枚のダンパーを示しています。この装置は、階の変形を上梁に固定した内部鋼板と下梁に固定した外部鋼板との相対運動に置き換え、そこに生じる抵抗力により振動エネルギーを吸収します。(B) は筋かい型粘性ダンパーで、直径の異なる 3 本の鋼管のすき間に粘性体が充填されています。同じ筋かい型でも、(C) の座屈拘束ブレースは履歴型ダンパーです。筋かいの芯にある鋼材を鋼管とコンクリートで拘束し、圧縮力を受けた際に鋼材を座屈させずに、引張時と似た安定した履歴特性をもたせています。中心鋼材とコンクリートの間の緩衝材（アンボンド材）により、鋼材以外には軸方向の力は加わりません。

●パッシブ制震効果の実例

　東北地方太平洋沖地震の際に、仙台市にある高さ約 150m の鉄骨造建物で振動が計測されました（図 4-8-2）。高さ 107.4m、21 階の建物の屋上に 42.2m の鉄塔があり、建物の 1 次周期は X 方向で 2.7 秒、Y 方向で 3.1 秒です。地表では震度 6 弱の揺れでした。1～20 階には、粘性ダンパーと鉛履歴型ダンパーが 4 台ずつ設置されています。粘性ダンパーの最大減衰力は 1～9 階で 200 トン、10～20 階で 150 トン、履歴型ダンパーの最大減衰力は 1～4 階で 150 トン、5～9 階で 100 トン、10～20 階で 50 トンです。計測記録を再現できる立体フレームモデルで分析したところ、建物自体の減衰が地震入力エネルギーの 25%を、ダンパーがその約 3 倍の 73%を吸収していました。変形が大きかった階では、粘性ダンパーが最大値 150 トンの約 75%まで力を負担していました。計測から建物動特性を評価すると、本震の振動が大きかった時間帯で、1 次モー

ドの減衰定数は X 方向で 8%、Y 方向で 4% でした。

図 4-8-1　パッシブ制震装置の実例

（A）壁型粘性ダンパー（提供：オイレス工業株式会社）

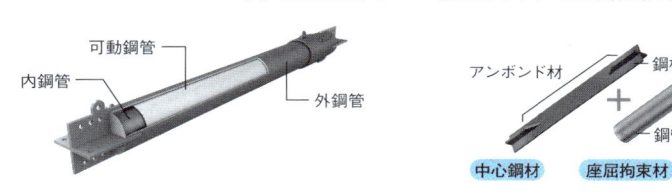

（B）筋かい型粘性ダンパー
（提供：オイレス工業株式会社）

（C）座屈拘束ブレース
（提供：新日鉄住金エンジニアリング株式会社）

図 4-8-2　東北地方太平洋沖地震を受けた仙台市にあるパッシブ制震建物

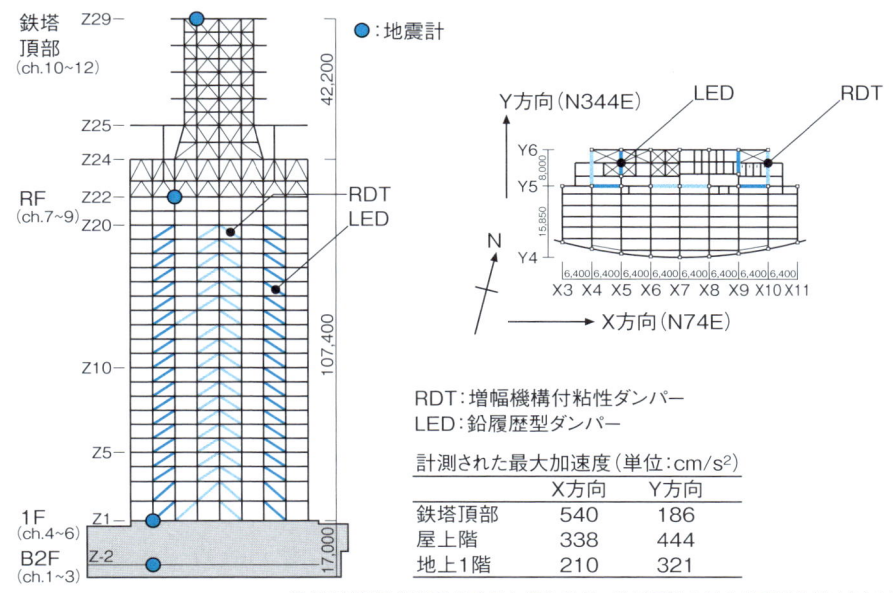

RDT：増幅機構付粘性ダンパー
LED：鉛履歴型ダンパー

計測された最大加速度（単位：cm/s²）

	X方向	Y方向
鉄塔頂部	540	186
屋上階	338	444
地上1階	210	321

（「応答制御建築物調査委員会報告書」（一般社団法人日本免震構造協会）より）

4-9 セミアクティブ制震の原理

●オイルダンパーの構造

　セミアクティブ制震は、主にオイルダンパーを用いて実用化されています。図4-9-1は、制震でよく用いられる両ロッドシリンダー型ダンパーの内部構造の例です。ピストンは左右にある油圧室を仕切ると同時に、そこには油圧室間を油が行き来できるようにリリーフ弁が付けられています。この弁が開く際の荷重がリリーフ荷重で、開くとピストン速度の上昇に対する制御力の増加を抑制し、装置を保護します。ダンパーは、ピストン移動にともなって、油が移動するときの油圧室間の圧力差を、抵抗力として利用しています。

　油圧室に繋がっているアキュムレーター（蓄圧器）は、シリンダーに油を供給して作動時に油圧が負になる（引張力がかかる）ことを防止すると同時に、温度上昇にともなう油の一時的な体積膨張を吸収しています。オイルダンパーは、吸収した振動エネルギーを内封された油の熱に変換した後、鋼製の本体を経由して外気に放熱します。油圧室間を結ぶ別経路には、制御力がピストン速度に比例するように油の流量を調整する調圧弁が取り付けられています。

●セミアクティブ制震用オイルダンパーの特性

　セミアクティブダンパーの特性は、調整弁の開度を可変にすることで表現できます。図4-9-2は、調圧弁とリリーフ弁の機能が加算されたオイルダンパーの基本特性を示しています。速度と制御力の関係を表す減衰係数の最大と最小は開度から決まり、厳密には2次曲線になりますが、直線で近似できます。調圧弁の開度を調整して、減衰係数を最大値と最小値の間で可変にすることで、セミアクティブ制震ダンパーの特性が得られます。当初は、建物の振動に応じて開度を連続的に制御していましたが、それを簡略化して開閉2段階にする制御が最近は主流になっています。図4-9-3は2段階切替型のセミアクティブ制震用ダンパーの変位と力の関係を示しています。開度を変

化させないパッシブ型に比較して履歴で囲まれた面積は大きく、これはエネルギー吸収能力がより高いことを意味しています。

図 4-9-1 オイルダンパーの基本構造

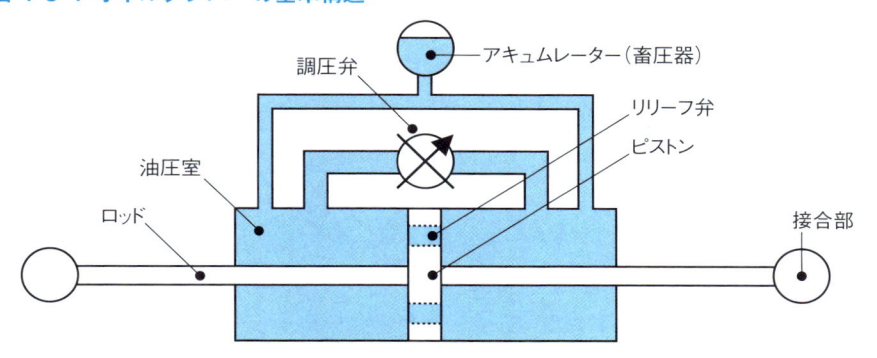

図 4-9-2 オイルダンパーの基本特性

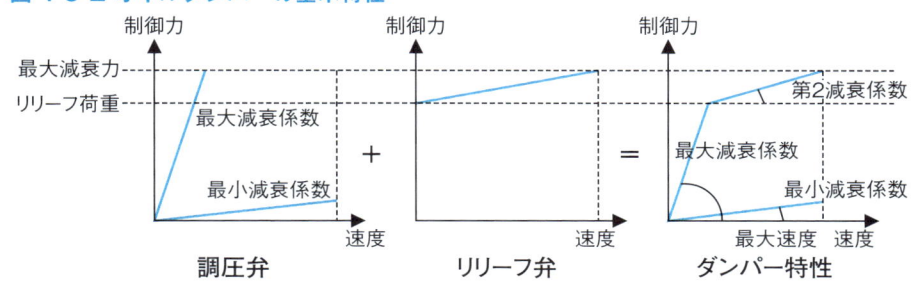

図 4-9-3 2段階切換型セミアクティブ制震用オイルダンパーの履歴形状（リリーフ荷重以下の場合）

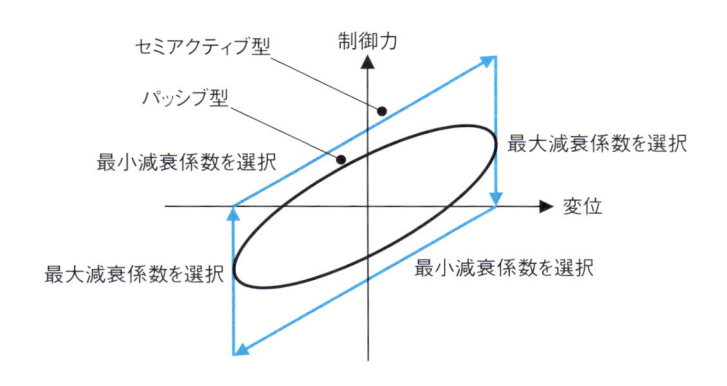

4-10 セミアクティブ制震の実例

●セミアクティブ制震の効果

2004年10月23日の新潟県中越地震と2007年7月16日の新潟県中越沖地震では、新潟市万代島にある31階の高層建物で、比較的大きな揺れが観測されました。建物頂部における短辺方向最大加速度は、2004年の地震では75cm/s^2、2007年の地震時では100cm/s^{2}でした。この建物には、短辺方向に4-9節で紹介した2段階切替型のセミアクティブ制震用オイルダンパーが72台設置され、長辺方向にはパッシブ制震用のオイルダンパー40台設置されています(図4-10-1)。5階に設置されているセミアクティブ制震用のオイルダンパーの最大能力は、制御力で1,500kN(約150トン)、変位は片振幅で60mm、両振幅で120mmです。ちなみに、4-9節で説明したリリーフ荷重は1,300kNになっています。

このダンパーは、2004年の地震では最大制御力が260kN(約26トン)、最大ストロークは2mm弱でした。余震時には、建物頂部の短辺方向最大加速度は15cm/s^{2}で、ダンパーの最大制御力と最大ストロークは本震の約2/5でした。2007年の地震では最大制御力は640kN(約64トン)、最大ストロークは5.2mmでした。図4-10-2は、5階に設置されたダンパーの変位と制御力の観測を示しています。図4-9-3では、装置から建物構造体に力を伝える部材が考慮されているため履歴形状が右上がりでしたが、図4-10-2ではダンパー自体の履歴であるため右下がりになっています。

計測から建物動特性を評価した結果、短辺方向1次振動モードの等価減衰定数は、いずれの地震でも約7%でした。弱い風による減衰定数は非制御でほぼ1%でしたので、約6%の付加減衰効果があったことになります。パッシブ制震されている長辺方向では、1次モードの等価減衰定数は約5%でした。

図4-10-1 制震建物とセミアクティブ制震用オイルダンパー

ホテル / 事務所

建物断面図

基準階平面図
1～19F, 1～10F, 1～8F, 5F, 1～5F, 1～4F
23m, 46.4m
■ セミアクティブ型ダンパー
▨ パッシブ型ダンパー

セミアクティブ制震装置

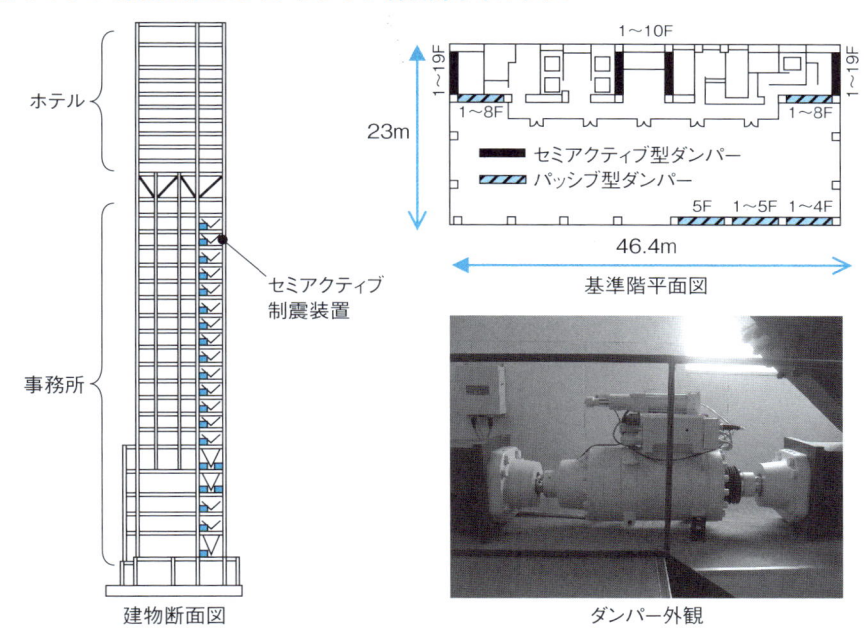

ダンパー外観

図4-10-2 5階のセミアクティブ制震用オイルダンパー自体の履歴形状

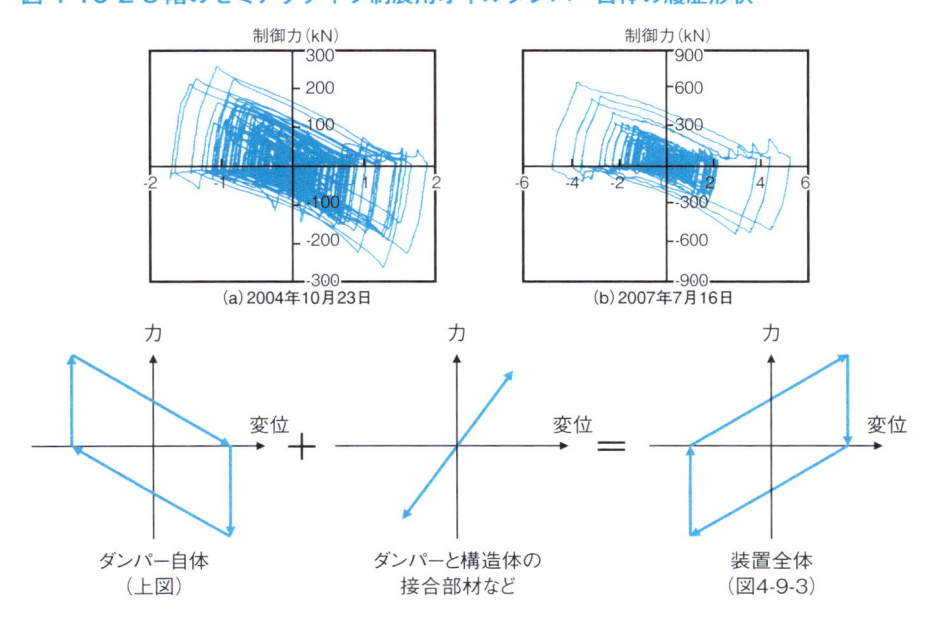

(a) 2004年10月23日 — 制御力(kN), 縦軸 -300～300, 横軸 -2～2

(b) 2007年7月16日 — 制御力(kN), 縦軸 -900～900, 横軸 -6～6

力 / 変位

ダンパー自体（上図） ＋ ダンパーと構造体の接合部材など ＝ 装置全体（図4-9-3）

4・制震構造

4-11 制震装置の取付方法と維持管理

●取付方法

　制震装置に発生させた制御力は、建物の構造体に無駄なく伝わる必要があります。また、構造体の振動によって抵抗力を生み出す制震装置では、振動が装置に正しく伝わる必要があります。制震装置が有効に働くためには、装置と建物の間で力の伝達が効率的に行われることが前提です。そのため、力を伝える部分（支持部材）が頑強であることが求められます。装置の取付方法は、施工上もたいへん重要です。たとえば、水平方向の力を負担するように設計されたダンパーでは、鉛直方向の力である建物の重量を負担しないように、構造体が建物重量を負担した後に取り付けなくてはなりません。優れた性能の制震装置も、取付方法を誤ると十分な効果を発揮できません。また、水平方向の制震が目的のダンパーを筋かいのように斜めに取り付けると、構造体には水平方向と鉛直方向の力が作用します。水平方向の力は角度に応じて小さくなり、鉛直方向の力も柱の設計で考慮しなくてはなりません。

　一点に制御力を作用させるマスダンパーでは、装置の構造フレームや反力壁を通して、構造体に制御力が伝わります。大きな錘が動くマスダンパーでは、防振に対する配慮も必要になります。二点間の相対量に作用するダンパーの取付方法は、実にさまざまです（図 4-11-1）。

●維持管理

　建築設備と同様に、保守点検には日常点検、定期点検および臨時点検があります。円滑な点検のためには、保守点検体制の確立と費用負担の明文化が必要です。パッシブ制震には、保守点検が不要なものが多くあります。

　日常点検は、建物保守点検会社や保守担当者が毎日、毎週、毎月といった頻度で行います。必ずしも装置に精通している者が行う必要はなく、日常の状態と同じであるかを調べる程度です。装置設計者が確認項目を整理して、大規模な建物では表示システムを用意しておくとよいでしょう。定期点検は、

装置製作会社が装置の稼働率に関係なく行う点検です（表 4-11-1）。毎年の実施が一般的ですが、建物竣工直後には 1 ヶ月点検、3 ヶ月点検、半年点検が実施されます。この場合、制御開始直後の装置の微調整が含まれます。装置稼動直後の点検は製作会社により無償に行われる場合が多く、その後は一般に有償です。稼動後数年を経過すると、耐用年数を迎えた部品の交換も行われます。臨時点検は、故障や異常が検出された直後や大地震などを受けた直後に行う不定期な点検で、一般に有償です。

図 4-11-1　2 点間に作用する制震装置の取付例

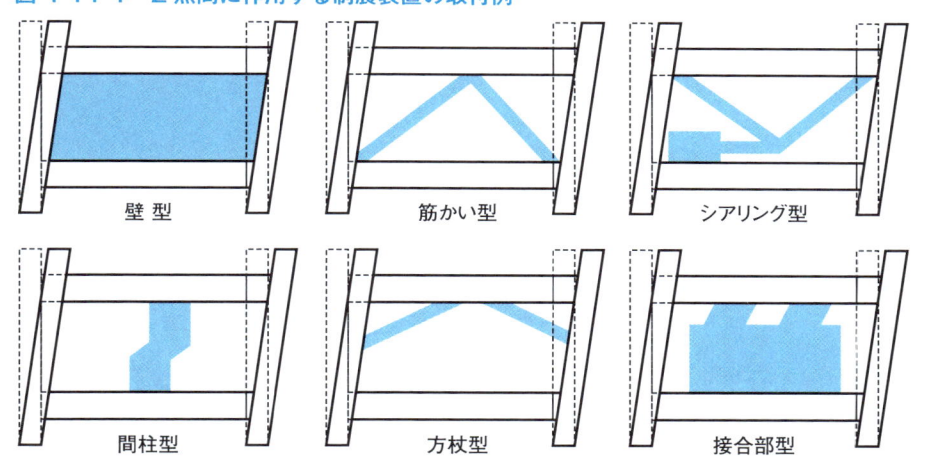

（壁型、筋かい型、シアリング型、間柱型、方杖型、接合部型）

表 4-11-1　AMD の定期点検項目の例

点検箇所	点検項目
装置概観	変形、損傷、亀裂
錘	変形、損傷、さび、ボルト類の緩み
錘駆動部（モーター）	動作確認、異常音、冷却装置の作動、異常発熱、ボルトの緩み
リニアガイド	変形、損傷、異物の付着、異常給脂状況、異常音
軸受、ボールねじ	同上
ブレーキ	動作確認、ボルトの緩み
バッファ	損傷、ボルトの緩み、油漏れ
リミットセンサー	損傷、作動確認
油圧ダンパー	動作確認、油漏れ
制御盤、操作盤、動力盤	作動確認、盤内配線と機器配線、端子部・接続部の破損、冷却装置の作動
防振ゴム	損傷、亀裂、ボルトの緩み
計測センサー	変形、損傷、校正、ノイズ状況
センサボックス	変形、損傷
装置の作動性	一定作動による装置全体の点検

4-12 制震建物の振動解析

●建物と制震装置の解析モデル

　制震建物の揺れの予測は、最終的には振動解析に基づいて行います。そのためには、建物と装置が一体となった数理モデルが必要になります。モデルは設計が進むにしたがって詳細になり、建物のみならず装置の動特性や取付方法も考慮します。装置の動特性としては、重量、装置と建物を結ぶ部材の変形特性、装置の周波数特性や変形特性、アクティブ制震の場合には制御則も考慮します。

　一般に、一点に制御力が作用する制震装置（マスダンパー、スロッシングダンパー）では、建物の重量を各階に集約させた串団子状の質点系モデルを用いることが多く、二点間に作用する制震装置では、取り付け方と取付部材近くの柱・梁が負担する力の状態を調べるために、柱・梁・壁などを考慮したフレームモデルを用います（図4-12-1）。大地震に対応する制震装置の検討では、耐震建物の設計と同様に、部材の非線形特性も考慮します。モデルの詳細さは、装置の設計時に知りたい情報に依存しています。

●振動解析

　地震応答解析では建物モデルの基礎部から想定する地震の加速度を入力し、風応答解析では各階に風外力を作用させます。ひとたび建物と装置のモデルを作成してしまえば、解析手順は耐震・免震建物と同じです。振動解析を行うと、各階の揺れ、各部材が負担する力や変形、制震装置の動き、エネルギー吸収量などを追うことができます。設計では特に最大応答値が重視され、それらの値によっては装置の規模や取付方法などの見直しが行われます。

●システム同定

　制震建物が地震や強風を受けた後に、建物の振動計測記録に基づいて装置の効果を確認することがあります。この場合、計測記録を精度よく表現する

モデルが必要です。先に述べた設計モデルをそのまま用いて計測を精度よく再現できることはまれで、振動時の実情にあったモデルの微修正が必要になります。一方、設計モデルを介さずに計測記録から建物の動特性を直接確認する方法があります。建物－制御装置をあるシステムとみなし、その動特性を計測から直接決定することがシステム同定(System Identification)です(図4-12-2)。個人を識別するIDカードのIDはIdentificationの略です。4-13節で述べる東北地方太平洋沖地震時の制震効果は、システム同定によって建物の等価減衰定数を把握する方法で行われました。

図4-12-1　建物－制震装置の振動モデルと応答解析

質点系モデル(串団子モデル)　　フレームモデル

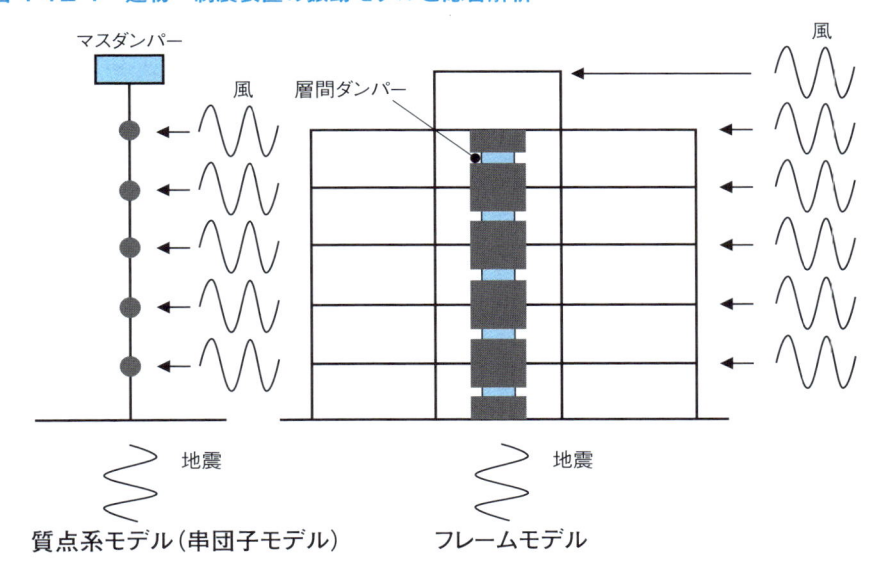

図4-12-2　順問題と逆問題

入力(地震・風) → 解析モデル(システム) → 出力(応答)

順問題：モデルと入力から出力を計算(設計)
逆問題：入力と出力からモデルを評価(システム同定)

4-13 東北地方太平洋沖地震時のパッシブ制震の効果

●関東地方にあるパッシブ制震建物の効果

　2011年3月11日に発生した東北地方太平洋沖地震を受けて、日本免震構造協会は応答制御建築物調査委員会を設置し、翌年1月に免震と制震の効果を地震観測記録から分析して報告しました。報告された11棟はいずれもパッシブ制震建物で、取り付けられている装置は履歴型ダンパー、座屈拘束ブレース、粘性ダンパー、オイルダンパーです。仙台市にある21階の建物（4-8節）以外は東京都、神奈川県、埼玉県に位置し、1棟を除いて11〜54階の中高層建物でした。首都圏にある建物の基部（1階や地下階）で観測された最大加速度は50〜140cm/s^{2}で、設計では中地震の揺れに相当していました。

　建物の揺れやすさを測る指標の一つとして、屋上階や最上階といった頂部の揺れが基部の揺れの何倍かという増幅比率があります。最大加速度の増幅比率は、変位に依存する履歴型ダンパーでは1.7〜10.9で、速度に依存する粘性ダンパーやオイルダンパーでは1.1〜3.1でした。首都圏の揺れの大きさでは、履歴型ダンパーは辛うじてエネルギー吸収するレベル（図4-7-1で降伏点を少し越えた面積が小さいレベル）であったため、大きな履歴を描かず、速度依存型ダンパーよりも効果がやや低めに評価される結果となりました。

　図4-13-1は、本震中で大きく揺れた時間帯の振動計測から、建物の各水平方向の1次モードの固有周期と等価減衰定数を評価した結果です。建物の周期が長くなる（高層になる）と減衰はやや下がる傾向にありますが、制震されていない建物の減衰が1〜2%であることを考えれば、効果は明らかです。図4-13-2は、最初の変位が同じでも減衰によって建物の揺れに違いが生じることを、自由振動で示しています。この図では建物の固有周期は3秒であり、制震の減衰定数は近似曲線から4.5%に設定し、1.5%の場合と比較しています。減衰が数%増加するだけでも、揺れの収まりはかなり速くなります。

　制震・免震技術のさらなる進展のためには振動計測による分析が必要で、日本建築学会をはじめとする学会は、建物の振動計測を推奨しています。

図 4-13-1　1次振動モードにおける制震建物の減衰定数

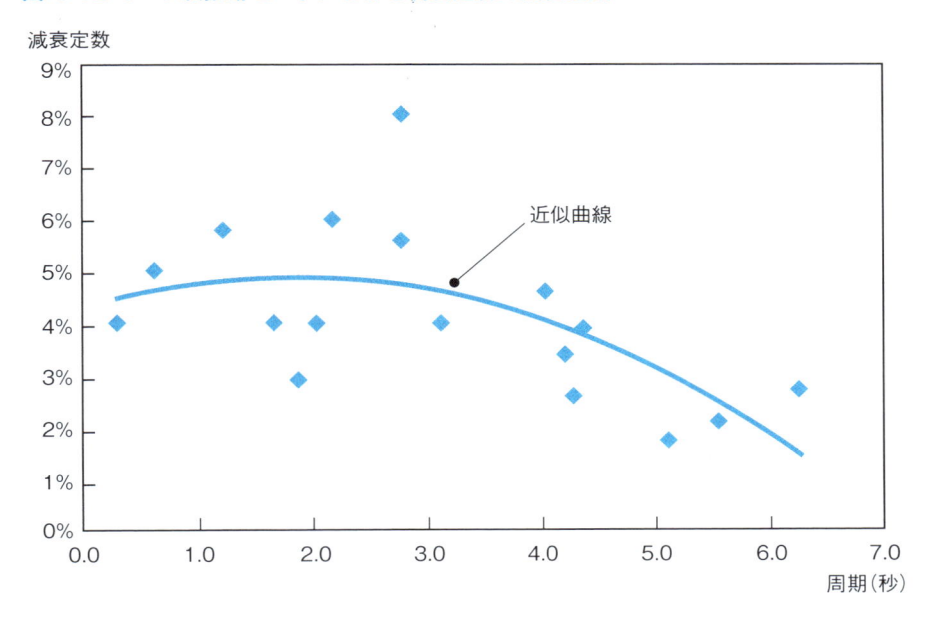

近似曲線

減衰定数
周期(秒)

図 4-13-2　減衰による自由振動変位波形の違い

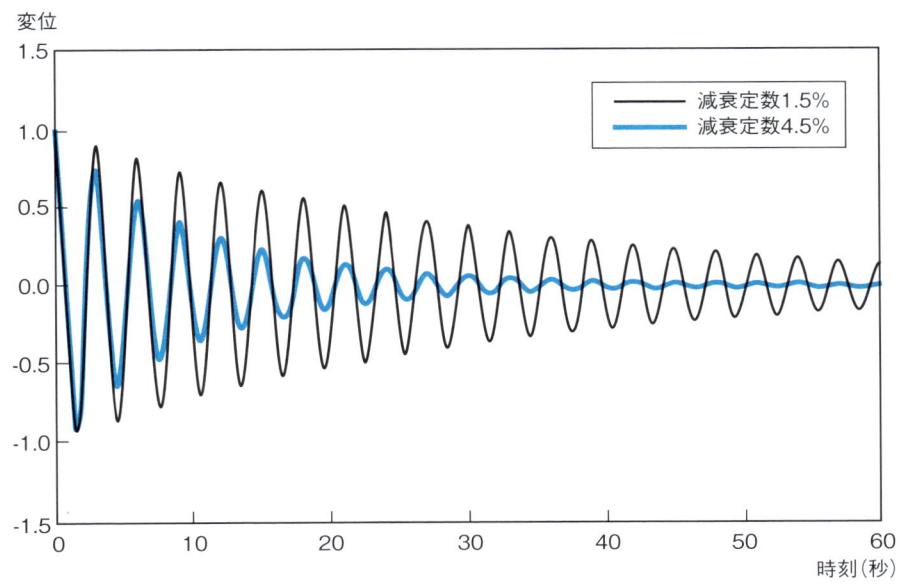

減衰定数1.5%
減衰定数4.5%

変位
時刻(秒)

4・制震構造

❗ 柔剛論争

　1923年の関東大地震がきっかけとなって、耐震構造の考え方に関する大論争が造家学会（現在の日本建築学会）の会誌である「建築雑誌」や新聞で展開されました。建物を硬く強くして変形を抑えようとする剛構造の考え方と、柔らかくして地震動との共振を避けて揺れを抑えようとする柔構造の考え方の対立は、柔剛論争として知られています。

　関東大地震後に改正された建物の設計法は剛構造を指向しており、建物に作用する地震力を時間に依存しない静的な力で置き換える考え方でした。これに対して、海軍省建築局長であった真島健三郎（ましまけんざぶろう）が1926年から異議を唱えました。地震は動的な現象であるから、建物の耐震性は振動論的に検討すべきであり、振動論によれば建物を地震との共振から避ければその揺れを小さくできると主張しました。この主張自体は正論でしたが、当時は振動解析を可能にする計算機はなく、一般技術者が設計しやすいように地震力を静的な力に置き換える設計法は実用的でした。先の法改正に携わった東京帝国大学建築学科の佐野利器（さのとしかた）は、真島が主張する建物の非共振化は地震動の周期をどう設定するかによって覆ってしまうと反論しました。1929年には、佐野利器の教え子でやはり東京帝国大学の武藤清（むとうきよし）も、破壊的な地震動の周期が1〜1.5秒であるという真島の主張に異議を唱えました。

　1930年に伊豆で地震が起こり、再び論争が活発になりました。真島は木造建物の被害状況を調べ、壁や筋かいのない柔らかい建物の方が倒壊していないと述べました。また、著書や新聞でも柔構造を推奨しました。1931年には早稲田大学建築学科の内藤多仲（ないとうたちゅう）が、真島が設定した地震に対して非共振を図ろうとしても、建物を2秒以上の周期まで柔らかくすることは現実には難しいと述べました。この当時、周期の長い高層建物は想定されていません。大地震の振動記録がなく、地震の実態が把握されていない時代であり、非共振の議論はややあいまいな結論に終わった感があります。

　1935年には、京都帝国大学建築学科の棚橋諒（たなはしりょう）が、剛構造とか柔構造の優劣ではなく、構造物が変形して破壊までに蓄えるポテンシャルエネルギー量が耐震性を決定するという新しい考えを提案しました。これによって、10年近く続いた論争は収束していきました。この考えは、装置によってエネルギー吸収を積極的に行う制震と免震に繋がっています。

第5章

免震構造

5章では、地盤と建物を切り離し、
建物に入力される地震のエネルギーを
小さくする免震構造を解説します。
免震構造のしくみや免震装置などをみてみましょう。

5-1 免震のしくみ

●免震の歴史

　免震構造の思想は、建築技術の分野では古くから、震害の発生とともに存在していました。表5-1-1 に我が国における免震構造への道程の概略を示します。文献の上で特に免震をうたったものは、1891年に河合浩蔵（かわいこうぞう）が提案した「地震ノ際大地震ヲ受ケザル構造」です。これは、振動に対して鋭敏な機器を収納する建築物の構造について述べたものでした。また、海外では1909年のイギリス人医師 J.A.Calantarients による特許が最も古く、構造体を滑石（雲母）の層を介して基礎から隔離するというものでした。関東大震災の翌年（1924年）には、山下興家（やましたおきいえ）氏のバネ付き柱や鬼頭健三郎（きとうけんざぶろう）氏のボールベアリング装置などが提案されています。また、1928年以降、岡隆一（おかりゅういち）氏は免震基礎（両端ピンの免震柱）を提案し、いくつかの建物に適用しています。1938年に、鷹部屋福平（たかべやふくへい）氏は建物屋上に設置した層の慣性力を利用した制震構造も提案しています。

　その間、昭和初年から約10年間にわたる、いわゆる柔剛論争があり、結果的には耐震工学の未成熟もあり、剛構造思想による設計法が法律に裏打ちされて主流となり、免震的な耐震設計法は設計の舞台から外されてしまいました。柔剛論争に採りあげられた動特性に関する問題点は、当時の科学技術ではその姿を捉えられないこと、振動現象による破壊に対して、現実の建築物の耐力にはなお相当の余裕があるとの考えから、形の上では無視されました。

　1923年の関東大震災以来、日本の耐震建築には剛構造での設計手法が採用されました。剛構造では、地震のエネルギーの大部分が建物に入り、地動はさらに増幅されて建物上層部は地震動の数倍の大きさで揺れます。このため、建物内の人々は立つこともできなくなり、かつ内部の什器、コンピュータなどは転倒、散乱するなど、その恐怖感は想像を絶すると思われます。こうして建物の機能は麻痺し、機能回復には多くの時間と費用が必要となりま

す。振動理論と耐震設計が結びつき始めるのは、1960年代からです。1964年の高さ制限撤廃告示、動的解析手法の普及にともなう1981年の新耐震設計法の施行により、一応の体系化が終了しました。

1970年代には、コンピュータや構造解析手法の発達により、地震時の建物挙動をある程度推定することができるようになってきました。かくして、日本にも超高層建築の時代が到来しました。低層建物に比べ、超高層建築は相対的に建物が柔らかくなります。地震時には、骨組みが全体的に柔らかく変形することで地震力を吸収する仕組みとなっています。各階で小さな変形が発生し、これが総和されて建物全体としては相当大きな変形が、ゆっくり

表 5-1-1　我が国の免震構造の歴史

年代	キーワード	主なトピック
1920年代〜1930年代	関東大震災	ボールベアリング装置（鬼頭健三郎）、バネ装置付柱脚（山下興家）、端部ピンの免震柱（岡隆一）などの免震構法が提案される 佐野利器・真島健三郎両博士による柔剛論争 この論争は結局、あいまいな形で終わる。これは地震波の性質の解明や振動応答解析手法の発達が十分でなかったためである
1920年代〜	震度法	剛構造の時代（震度 k=0.1〜0.3） この時代、免震構造の研究は停滞する
1960年代〜	高層建築の登場	高さ制限撤廃（1964年）、霞ヶ関ビル完成（1968年）、電子計算機の開発・利用が始まる
1970年代〜	振動応答解析手法	新耐震時代（建設省総合プロジェクト1977年） ヨーロッパ・アメリカ・ニュージーランドにおける免震構造の研究開発
1980年代〜	免震構造の解禁	ポスト新耐震時代（RC造免震住宅完成1983年） 解禁・導入開発競争 免震構造設計指針発表（日本建築学会1989年）
1990年代〜	免震構造の普及 阪神・淡路大震災	第一次成熟化を経て普及化の時代へ 免震構造設計指針改訂（日本建築学会1993年） 日本免震構造協会発足（1993年） 阪神・淡路大震災（1995年） 構造設計における地震入力からの解放 耐震構造設計の時代から耐震空間設計の時代へ

と生じることになります。このため、骨組みの損傷は少なくなりましたが、まだ空間の安定性はほとんど改善されていません。このような従来型耐震構造設計法に代わり、骨組みと空間の安全性を確保する設計法（耐震空間設計法）として免震構造が登場したのです。

● **耐震の考え方**

耐震設計のやり方には、次のような立場があります。
① **地盤に建物を固定する**
② **地盤と建物を絶縁する**
③ **附加装置を利用する**

①から②へは色々な中間段階があり、大部分の建物で完全固定と、完全絶縁は不可能です。もちろん、常温超電導の技術が建築レベルで信頼性と経済性を得る事態にでも入れば、②は極論でなく現実となるかもしれません。

①の設計法では、建物の全ての部分を地動以下の動きにすることはできません。また、③の方法では、いかなる附加装置を利用しても、骨組みの変形に制限をつける限り地動からの解放は有り得ません。②の設計法は、ひとまず最も影響力の大きい水平動からの解放が可能となります。ただし、それは地盤と建物の絶縁の程度によって影響を受けます。

● **免震の考え方**

過去の長い構造史のなかで、基礎との緊結をルーズにしたために上部構造が地震の衝撃的破壊力から身をかわし得た例は、幾度か経験され、報告されています。しかし、この貴重な経験事実の説得性は弱く、現実の設計の上ではほとんど生かされてはいないようです。

地盤からの絶縁の方法としては、浮かす、転がす、滑らす、杭や支承で支えるなどが自然に思いつきます（図5-1-1）。これらの考案は、洋の東西を問わず多様に報告され、1900年代以降、多くの例が示されています。巨大な建築の重量を支え、効果的絶縁のレベルを維持し、なおかつ、現代的科学技術計算による解析モデルとなり得る素材、工法の出現は、ようやく積層ゴムアイソレータ（5-2節～5-5節）によって、その目的を達成されることになったのです。

図 5-1-1　免震のイメージ

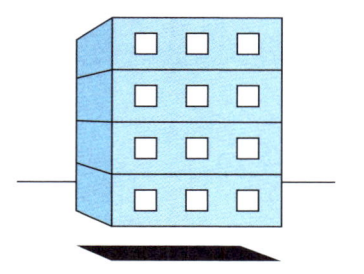

(a) 空中に浮かせる

建物を空中に浮かせて、地震の揺れをかわす。

(b) 水に浮かす

建物を水に浮かせて、地震による建物の揺れを小さくする。

(c) 転がす

建物の下に球を入れて、地震による建物の揺れを小さくする。

(d) 柱を柔らかくする

建物と地盤の間に柔らかい柱を入れて、地震による建物の揺れを小さくする。

5・免震構造

5-2 積層ゴムの開発

●積層ゴムのしくみ

　積層ゴムの形状は、薄い鋼板（中間鋼板）と薄いゴムシートを交互に積層した構造となっています。図5-2-1にゴムブロック（単層ゴム）と積層ゴムとの比較を示します。積層ゴムのゴム総厚に等しい厚さのゴムブロックを考えます。圧縮時には、ゴムブロックは大きく沈み込み、ゴムが横方向へはらみ出し、圧縮荷重に対しては支持能力が低いことが容易に想像できるでしょう。一方、積層体にすれば、ゴム1層の厚さが薄くなるため、横方向へのはらみ出しも非常に小さくなります。このため、圧縮荷重に対しても沈み込み量を小さくできます。せん断変形時には、鋼板がせん断変形を拘束しないため、ゴムブロックのせん断変形と基本的に同じであり、水平剛性はゴム自身の柔らかさとなります。

● 積層ゴムの実用化

　我が国における免震構造と積層ゴムの研究開発は、福岡大学における多田英之(ひでゆき)博士を中心とする研究グループにより1979年より始まったといえます。積層ゴム実験は、ゴムの材質、積層体の形状などをパラメータとして、基本特性の把握、限界性能の評価を進めました（図5-2-2）。すでに欧米では積層ゴムを橋梁や建築物に利用することが進められていましたが、我が国における積層ゴムの開発目標として、我が国の長周期成分が卓越する地震動にも対応できる大変形性能を有することが掲げられました。多田らは積層ゴムの性能評価にとって重要なパラメータである2次形状係数を発見しました。1981年には、直径300mmの積層ゴムで実用的な大変形能力を発揮させることに成功しています（図5-2-3）。

　積層ゴムの性能に大きな影響をもつ形状係数は、1次形状係数 S_1 と2次形状係数 S_2 としてまとめられます。1次形状係数 S_1 は、従来防振ゴムの分野で単に形状係数として呼び用いられているものと同じであり、次式で定義

されます。「S_1 = ゴムの拘束面積（受圧面積）／ゴム層の自由表面積（側面積）」2次形状係数 S_2 は、積層ゴム用に新たに導入された係数であり、「S_2 = ゴム直径／全ゴム層厚」として定義されています。S_1 は主に鉛直・曲げ剛性に、S_2 は主に座屈荷重や水平剛性に関係しています。多田らは、積層ゴムが安定した水平変形能力を発揮するためには、S_2 を5以上とするのが望ましいとしています。

図 5-2-1　ゴムブロックと積層ゴムの比較

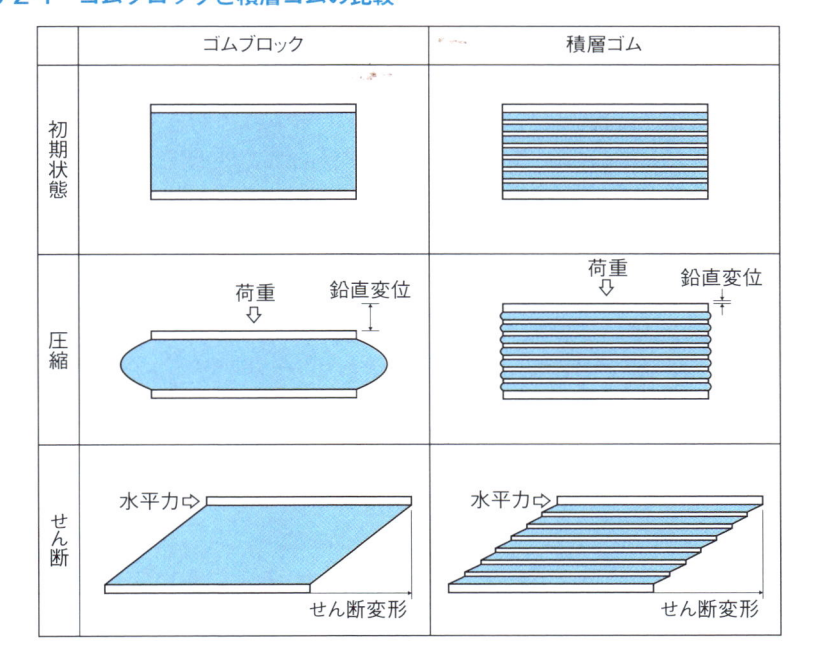

	ゴムブロック	積層ゴム
初期状態		
圧縮	荷重／鉛直変位	荷重／鉛直変位
せん断	水平力／せん断変形	水平力／せん断変形

図 5-2-2　さまざまな形状の積層ゴムの試験体

図 5-2-3　福岡大学で実用化された積層ゴムのせん断試験

5-3 多様な積層ゴムの開発と適用

●積層ゴムの適用例

　世界で積層ゴムを最初に使った建物はPestalozzi小学校（Skopje, Macedonia,1969）です。ここで使用された積層ゴムは、厚肉のゴム3層で中間鋼板も利用されていないため、積層ゴム全体が大きく膨らんでいました。1970年代になれば、フランス、マルセイユのLambesc小学校などで近代的な仕様に基づく積層ゴムが利用されるようになりました。1975年には、ニュージーランドにおいて鉛プラグ挿入型積層ゴムが開発され、1981年には実際の建物に採用されています。

　我が国では積層ゴムの実用化を受けて、1983年に初めての免震建物（RC造2階建て住宅）が千葉県八千代市に建設されました（図5-3-1）。この建物は直径300mmの積層ゴム6台で支持されています。これまで我が国にはなかった構法であり、建築基準法旧38条に基づく特別な審査を受けた上で建設することができました。構造躯体が完成した後には、自由振動実験、起振機による強制振動実験などが行われ、免震構造の性能が検証されています。

　これ以降1986年には、鉛プラグ挿入型積層ゴムを使用した建物が最初の評定を受けています。また、1982年にはMRPRAによって高減衰ゴム系積層ゴムが開発され、1985年にアメリカの最初の免震建物（裁判所）に採用されています。我が国で高減衰ゴム系積層ゴムを使った最初の評定物件は1988年です。このように現在使用されている積層ゴムは1980年前後には登場し、ゴム材料や製造方法なども改良が加えられてきているのです。

●積層ゴムの試験

　1995年には、天然ゴム系積層ゴムの水平限界性能を確認するための実験が実施されました。この実験では面圧30MPaまでの圧縮せん断破壊試験を実施し、積層ゴムの荷重支持性能と水平変形能力を評価しました。この実験成果は積層ゴムをより高い面圧で設計することを可能とし、免震建物の性能

向上、上部建物の大型化への対応に役立つものでした。直径 1500mm の積層ゴムが最初に評定を受けたのは、天然ゴム系積層ゴムで平成 7 年（ただし、直径は 1200mm）、鉛プラグ挿入型積層ゴムが平成 2 年、高減衰ゴム系積層ゴムが平成 9 年でした。高層免震建築では高い軸力を支持するために大口径の積層ゴムが使われる傾向にありますが、性能の評価や品質の確保については慎重さが求められます。

建物の高層化にともない積層ゴムに引張を許容しない設計は難しくなってきました。そこで、積層ゴムの引張特性試験が 1998 年以降精力的に実施されています。その結果、積層ゴムの引張変形能力が高いこと、大きな引張ひずみを受けた後でも鉛直・水平剛性、さらには水平限界能力（破断変形）の低下もみられませんでした。このような結果から、ある程度の引張変形（引張力）を許容する設計が可能となっています。

図 5-3-1　八千代台免震住宅

1983 年に日本で初めて建設された免震建物。

5-4 積層ゴムは鉄よりも強い

●積層ゴムの圧縮破壊試験

　積層ゴムが圧縮を受けたとき、ゴムは外側へ変形しようとしますが、中間鋼板により変形が拘束され、さらにゴム材質の非圧縮性（変形による体積変化が少ない性質）により、ゴム層中心部に3軸圧縮応力（3つの方向から等しい圧力をかけられている）状態が形成されます。これは、水がゴム中に閉じこめられて、ゴム層が「漏れない水」になっているようなものです。したがって、圧縮による変形量は非常に小さく、高い圧縮剛性を発揮することができます。一例として、ゴム直径70cm、全ゴム厚14cm（0.7cm×20層）の積層ゴムと同じ断面積のRC柱（断面62×62cm、長さ400cm）との圧縮剛性を比較してみます。積層ゴムの圧縮剛性は、ゴムのせん断弾性率を0.4MPa、体積弾性率を2000MPaとして計算すれば、1cm変形させるのに2140トンの重さが必要となります。RC柱の鉛直剛性は、コンクリートのヤング率を21000MPaとすれば、1cm変形させるのに2018トンの重さが必要となり、両者の圧縮剛性が変わらないことがわかります。

　このようなゴムの強さを証明した試験が、天然ゴム系積層ゴムアイソレータの圧縮破壊試験です。図5-4-1の積層ゴムは、最終的に面圧150MPa（3000トン）を超えたところで破断しました。破断面の観察から積層ゴムの破断は、中間鋼板が中心部分から引張破断し始め、ゴム層の拘束が失われた結果、積層ゴムとしての耐荷機構が崩れて完全破断に至ったと考えられます。破断した中間鋼板は引きちぎれたようになっています。この結果から、積層ゴムの圧縮耐力は、中間鋼板の厚さや強度に支配されていることが確認されたのです。積層ゴムのような使い方をすれば、「ゴムは鉄よりも強し」ということになります。

●ゴムは"水"

　積層ゴムにせん断力が作用するとき、中間鋼板はゴム層のせん断変形を拘

束しないため、ゴムシート自体の柔らかな水平剛性を発揮できます。積層ゴムが大きく変形した場合でも荷重支持能力は保持されています。これは積層ゴムの最上下面の重複部分（有効支持部という）において、3軸圧縮応力状態が形成され続けるためです（図5-4-2）。この有効支持部分で大部分の圧縮荷重が支持され、この部分の圧縮応力度（反力）は非常に大きくなりますが、その反面、引張反力の発生は非常に小さいままです。また、せん断変形時には、ゴムによる"水"の拘束効果が小さくなるため、圧縮剛性はほぼ有効支持部の断面積に比例して小さくなると考えられるものの、依然、鉛直方向の沈み込み量は非常に小さいレベルにあります。このような耐荷機構により積層ゴムは、大きな荷重を支えながら水平方向に大きく変形することが可能となっているのです。

図 5-4-1 圧縮破壊試験の結果

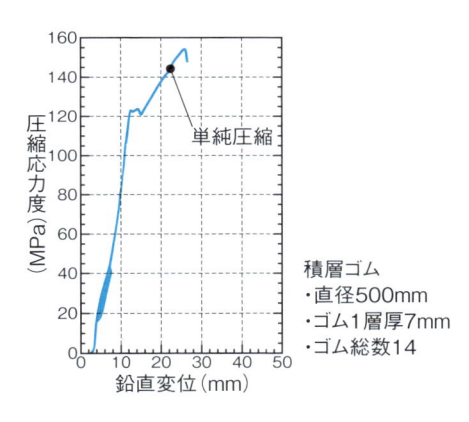

積層ゴム
・直径500mm
・ゴム1層厚7mm
・ゴム総数14

破断した積層ゴム

図 5-4-2 積層ゴムの応力分布

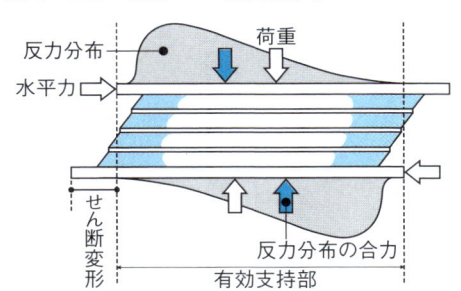

積層ゴムが水平方向に変形しても、反力分布が片方向にズレるため、その合力は積層ゴムが支える荷重を打ち消すようになる。

5-5 アイソレータの役割と種類

●アイソレータの役割

　積層ゴムなどを用いて、地震動を遮断しようとする免震装置をアイソレータといいます（図5-5-1）。アイソレータに求められる基本的機能として、下記の5項目が挙げられます。アイソレータには、これらの機能を満足することに加えて、微小変位から破断に至るまでの履歴特性が、設計判断上定量的に把握されていることが求められています。

①**長期間安定した荷重支持能力**
②**予想される地盤との相対変位に追随できる大変形能力と復元能力**
③**柔らかい水平剛性**
④**大変形時に不安定現象が生じない**
⑤**圧縮荷重の変動に対して水平剛性の変動が小さい**

　①はアイソレータとして最も基本的な性能で、高い鉛直剛性と耐久性が求められます。地震時には、地盤と建物の間に大きな相対変形が発生することになり、建物を支持しながら相対変位に十分対応できるだけの変形能力と原位置への復元能力が必要です。

　免震構造の性能は、建物の周期に影響されます。周期は積層ゴムの水平剛性に直接関係しており、積層ゴムの水平剛性が小さくなるほど周期が延びるのは明白でしょう。積層ゴムの水平剛性を小さくするには、ゴム材料を柔らかくする、あるいは積層ゴムの形状を細長く（厚さに対して径が小さく）するしかありません。積層ゴムの形状を細長くした場合、大変形時には座屈などの不安定現象を生じやすくなるので注意が必要です。積層ゴムに作用する軸力は、設計値と同じ常に一定とは限りません。特に、地震時には転倒モーメントや鉛直地震力により積層ゴムの軸力は変動します。軸力の変動により積層ゴムの水平剛性が変動すれば、設計や解析の際に水平剛性を一定値として扱うことができずに、非常に複雑な解析が必要となります。このように、④と⑤を満足することは、設計の信頼性と簡便さを保つ上で重要な性能だと

いえます。この性能を満足するためには、ある程度扁平な積層ゴムを使用することが不可欠です。

今では、アイソレータとして積層ゴムのほかに、すべり支承や転がり支承も使われています（図5-5-2）。

図 5-5-1　アイソレータの設置位置例と役割

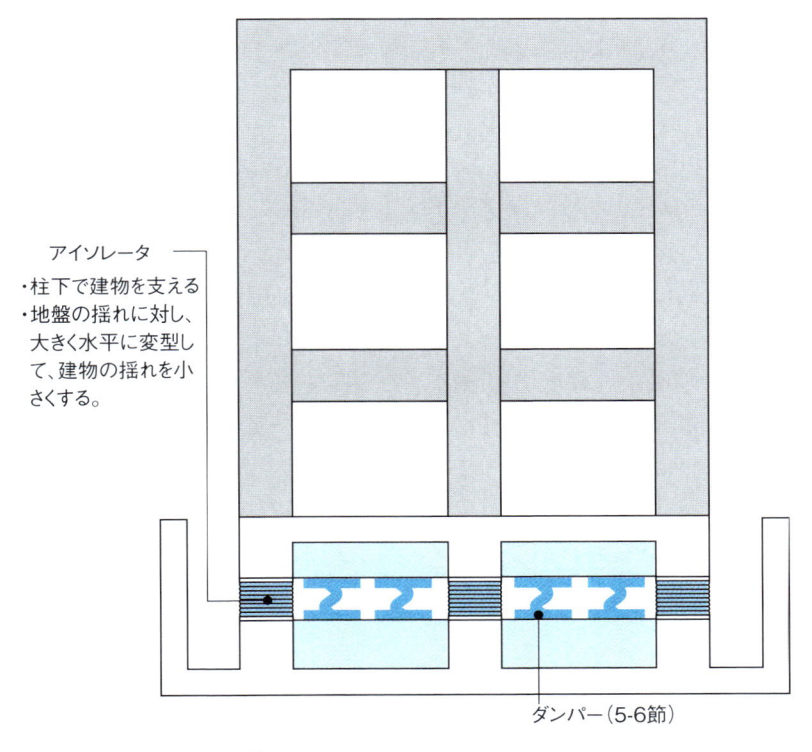

アイソレータ
・柱下で建物を支える
・地盤の揺れに対し、大きく水平に変型して、建物の揺れを小さくする。

ダンパー（5-6節）

図 5-5-2　アイソレータの種類

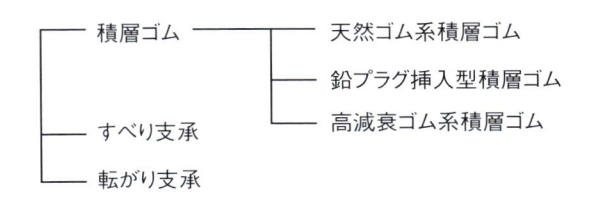

```
┌─ 積層ゴム ──┬─ 天然ゴム系積層ゴム
│             ├─ 鉛プラグ挿入型積層ゴム
│             └─ 高減衰ゴム系積層ゴム
├─ すべり支承
└─ 転がり支承
```

5・免震構造

●積層ゴムの種類

　積層ゴムには、天然ゴム系積層ゴム、鉛プラグ挿入型積層ゴム、そして高減衰ゴム系積層ゴムの3種類があります（図5-5-2）。

　天然ゴム系積層ゴムは、引張強さや伸び、耐クリープ性に優れ、温度変化による物性変化の少ない天然ゴムを主体とした積層ゴムです。履歴ループは面積が小さく、エネルギー吸収部材としてのダンパーが必要です（図5-5-3 (a)）。しかし、履歴特性は軸力の変動や変位履歴による影響はほとんど無く、微小変形から大変形まで安定したバネ特性を発揮できます。このことは、解析のためのモデル化が簡単であり、精度が高いことを示しています。天然ゴム系積層ゴムは種々のダンパーと組み合わせることで、免震層の履歴特性を設計者の意図どおりに設定することができます。

　一方、鉛プラグ挿入型積層ゴムや高減衰ゴム系積層ゴムの履歴ループ（図5-5-3 (b)(c)）は、面積が大きく、エネルギー吸収能力が高いことを示しています。鉛プラグ挿入型積層ゴムは、積層ゴム中心の孔に挿入した鉛プラグ（積層ゴム外形の1/5程度：図5-5-4）の塑性変形を利用し、高減衰ゴム系積層ゴムは、特殊配合のゴム材料により、ゴム分子間の摩擦や粘性を高くすることで地震エネルギーを吸収します。このため履歴特性は、ひずみ速度や変形量、およびそれまでに受けた変位履歴によって変化します。履歴曲線は微小変形域から複雑な非線形性を示し、設計用の解析モデルを作成する際には充分な配慮が必要となります。

図 5-5-4　鉛プラグ挿入型積層ゴムの断面

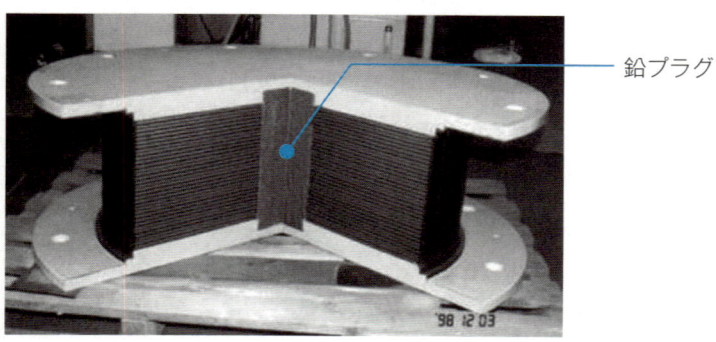

図 5-5-3　各種積層ゴムの荷重—変形関係

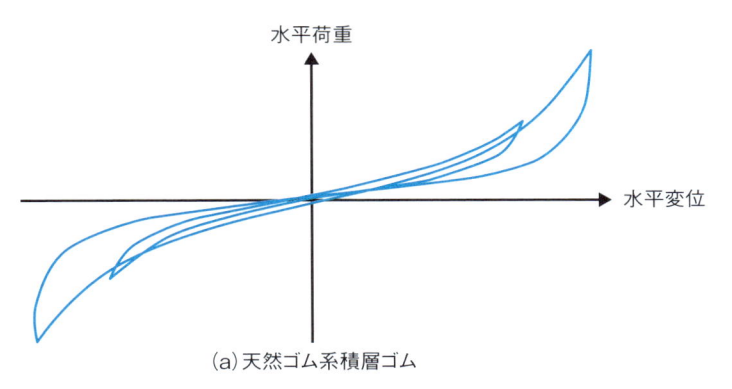

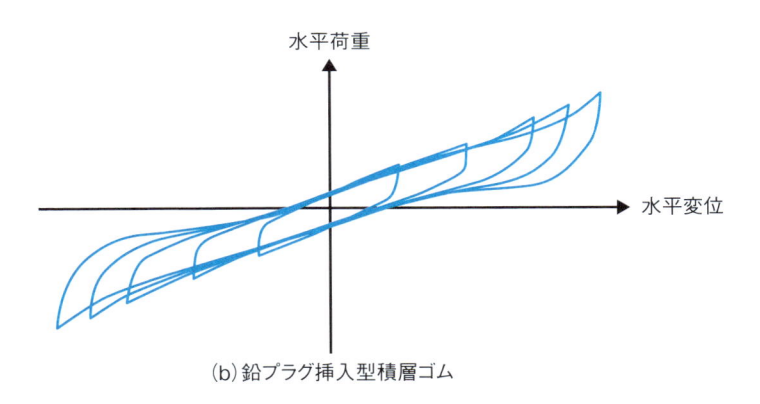

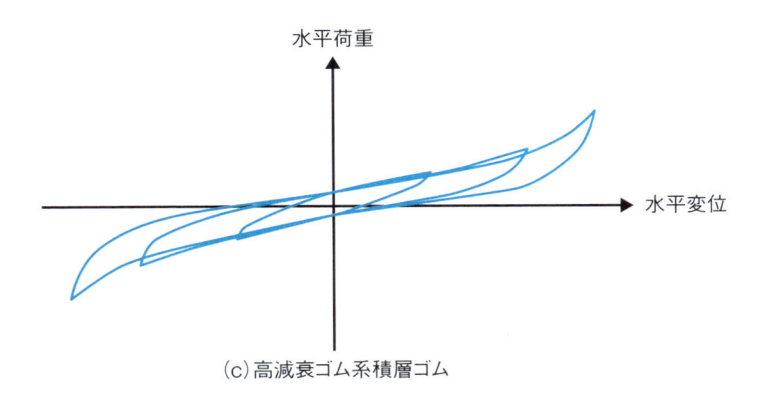

(a) 天然ゴム系積層ゴム

(b) 鉛プラグ挿入型積層ゴム

(c) 高減衰ゴム系積層ゴム

●すべり支承

すべり支承には、剛すべり支承と弾性すべり支承の 2 種類があります。

剛すべり支承は、すべり材とすべり板だけで構成され、摩擦力を超えないとすべり出しません（変形しません）。荷重と変形の関係は剛塑性型となります。

一方、弾性すべり支承は、積層ゴムの下にすべり材を付加した構造をもち、摩擦力に達するまでは積層ゴムが弾性変形をします。そのため、荷重と変形の関係は弾性剛性をもつ弾塑性型となります。積層ゴムのゴム層数などを調整することで、すべり出すまでの変形や鉛直剛性を調整することができます。

すべり材にはフッ素樹脂が用いられ、すべり板にはステンレス板（なかにはフッ素樹脂をコーティングする場合もある）が用いられることが多いです（図 5-5-5）。両者の材質を組み合わせることで、摩擦係数は 0.01 〜 0.1 程度まで変えることが可能となっています。

すべり支承はすべり出すと水平剛性をもたないため、規模が大きくない建物などで免震効果を発揮させるためには好都合です。

●転がり支承

転がり支承には、図 5-5-6 に代表される直動転がり支承があります。レールを直交させることで、水平 2 方向の変形に対応しています。ボールベアリングがレールをつかんでいるため、引張荷重にも抵抗できるのが特徴の一つです。転がり摩擦係数は 5/1000 程度と非常に小さいです。

図 5-5-5　弾性すべり支承の例

図 5-5-6　直動転がり支承の例

5-6 ダンパーの役割と種類

●ダンパーの役割

　免震構造の応答変形を設計範囲内とし、振動を早期に収束させるためには、適切な減衰能力を付与する必要があります。免震建物に付与する減衰量には、地震動の入力レベルに応じた適切な量が存在することがわかっています。減衰量を適切に付与することで、免震層の応答変位のみならず、上部構造の応答加速度も十分に低減させることが可能となります。減衰を付与する機構・機能をダンパーといいます（図5-6-1）。

　ダンパーへの要求性能は、

①**減衰能力**
②**変形能力**
③**方向性**
④**耐久性**
⑤**品質・ばらつき**

などです。ダンパーは、地震により建物に投入されたエネルギーを最終的には全て吸収しなければなりません。また、免震層の最大変形を所定の限度内に収めるために必要な減衰能力・変形能力が要求されます。

　地震によるエネルギー入力は、ダンパーの繰り返し変形により最終的に熱に変換されます。したがって、大変形下での繰り返し加振に対する履歴ループの安定性と発熱による物性の変化については十分な検討が必要です。同時に、物性の経年変化に対しても検討を要します。履歴曲線の形状が上部構造の応答に与える影響については、地震応答解析により検討する必要があります。

　ダンパーには水平2方向への変形追随能力が求められます。方向性をもつダンパーの場合には、組み合わせることで方向性をなくすような処置が必要となります。

図5-6-1　ダンパーのしくみ

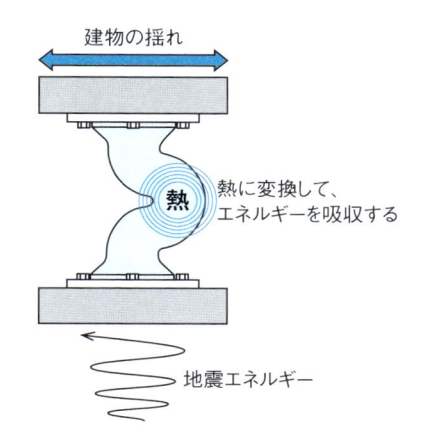

建物の揺れ

熱に変換して、エネルギーを吸収する

地震エネルギー

ダンパーは建物の揺れを減衰させる。
しくみは、ダンパーの繰り返し変形によって、地震エネルギーを熱に変換し、エネルギーを吸収する。

●ダンパーによる減衰の大きさと免震効果

　免震建物の設計では、設計用入力地震動に対してダンパー量が最適化されることが多くなります。このような場合、想定している地震動の大きさによっては、それより小さなレベルの地震動に対しては応答を増幅させることもあります。逆の場合には、強風などで免震層の変形が大きくなり、居住性を低下させることもありえます。したがって、設計されたダンパー容量が強風時や中地震時に、どのような応答性状を示すのかの検討も重要となってきます。強風時にダンパーを塑性化させる場合には、小振幅で長時間の繰り返し変形を受けることが予想され、このような状況下でのダンパーのエネルギー吸収性能などについて確認が必要でしょう。

　暴風に対する免震層の設計では、風荷重に対する免震層の復元力特性の設定が肝要となります。風荷重に対する変位応答は、地震の場合のように原点を中心とした正側・負側への変形とはならず一方向へ準静的に変形した状態からの応答となります。したがって、風荷重に対して免震層・免震部材の復元力特性が地震応答評価用と同じかどうかを確認する必要があるでしょう。小振幅、低速度での復元力特性（特に降伏耐力）の評価が欠かせません。上部構造が軽量な場合、風荷重は地震荷重を上回ることもあります。このような場合には、風対策としてのストッパーなどを別途設置するなどの対策を検討することも必要でしょう。

●ダンパーの種類

ダンパーは種々の形状、機構、材質をもつものがいろいろと考案され、使用されてきています。免震構造の初期には鋼材や鉛を用いたダンパーが種々考案され、その後、摩擦を利用したダンパーや粘弾性体を用いたダンパーなども実用化されています。現在ではアイソレータにダンパー機能を複合したアイソレータも利用されています。これらの複合型アイソレータには荷重支持能力が求められますが、独立したダンパーには、荷重支持能力は基本的に必要ありません。

アイソレータと組み合わせて用いられるダンパーを作動原理の面から分類すると次のようになります。
　①**履歴減衰型**：鋼棒ダンパー、鉛ダンパー、摩擦ダンパーなどのように
　　主として変形履歴にともなうエネルギー消費を利用するもの
　②**粘性減衰型**：粘弾性ダンパー、オイルダンパーなどのように、主として
　　速度依存型の粘性抵抗を利用するもの

履歴減衰型は鋼材や鉛材などの塑性変形を利用したものであり、比較的簡単な機構で必要な減衰力を得ることができます。復元力特性は素材の特性により変化しますが、軟鋼を用いたダンパーでは滑らかな紡錘型を示します。弾塑性型に用いられる素材は、古くから建築で使用されてきた鋼材や自然界で最も安定した鉛などであり、耐久性に関しては問題が無く、メンテナンスも簡単な対策で対応可能となります。

図5-6-2に鉛ダンパーを、図5-6-3に鋼材ダンパーの外観を示します。ダンパー形状はU字形に湾曲した円柱状であり、上下端に躯体取り付けのための鋼製フランジを有しています。

摩擦ダンパーは、皿バネなどを用いて摩擦面同士を一定の力で接触させるタイプと支承として建物の荷重を支持しながら摩擦によるエネルギー吸収を行うタイプ（弾性すべり支承など）があります。これらの復元力特性は完全剛塑性型の形状を示します。

粘性減衰型にはピストンシリンダー構造をもち、流体の乱流抵抗を利用するオイルダンパー（図5-6-4）と、粘性体のせん断変形を利用する粘性体ダンパーなどがあります。このタイプでは、速度のべき乗にほぼ比例した減衰

力が得られています。復元力特性は滑らかな楕円形状を示し、フロアレスポンスの観点からは有利です。しかし、抵抗力の温度依存性、速度依存性など取り扱いには注意が必要でもあります。

図 5-6-2　鉛ダンパー

図 5-6-3　鋼材ダンパー

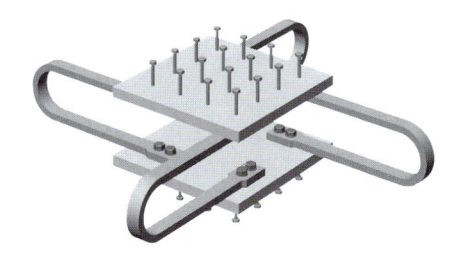

（提供：新日鉄住金エンジニアリング株式会社）

図 5-6-4　オイルダンパー

（提供：カヤバシステムマシナリー株式会社）

5-7 免震建物の地震時挙動

●応答加速度と免震層変位の関係

　免震建物はアイソレータにより支持されており、アイソレータの水平剛性を小さくすればするほど完全絶縁（絶対免震）に近づき、建物への地震入力は低減され、応答加速度は非常に小さくなります。一方、地盤と建物間の相対変位（免震層変位）は水平剛性が柔らかくなるほど増加する傾向にあります。このように応答加速度と免震層変位の関係は相反する性質を示します。しかし、減衰性能（ダンパーの性能）を適切に付与することで、応答加速度を低減し、かつ免震層変位を適切な範囲内に納めることが可能です。

　一般に加速度応答は、建物の固有周期が短ければ大きく、固有周期が長くなるほど小さくなります。逆に、変位応答は短周期構造物では小さく、長周期構造物では大きくなります。また、構造物の減衰を大きくすることで、加速度・変位応答ともに小さくすることができます。

　免震建物の周期はアイソレータに依存し、減衰量はダンパーにより決定されます。免震建物の周期や入力地震動の大きさに応じて、最適な減衰量が存在しています。

●免震構造の振動

　免震建物の特性は超高層建築のような柔構造に似ています。ただし、超高層建築は建物各階を均等に変形させているのに対し、免震構造では建物の基礎部に変形を集中させることで建物の変形を桁違いに小さくしています。図5-7-1は免震構造の振動のイメージ図です。このように、免震建物では上部構造がひと塊となって水平方向にゆっくり動くようになります（剛体並進運動の実現）。すなわち、建物に入ってくる地震エネルギーを免震部材（アイソレータとダンパー）により、遮断吸収してしまっているともいえます。免震層にエネルギーを集中させる、あるいは変形を集中させることで、免震建

物の加速度や変形は大地震時にも相当小さくすることができるとともに、建物内部の什器や機器類の転倒、さらには2次部材の損傷も起こらず、大きな安心感を得ることができるのです。

　アイソレータやダンパーの性能は実物実験により事前に確認できます。したがって、免震建物が地震時にどのような動きをするかは正確に予測でき、地震時の建物性能を事前に評価する事が可能です。このためには、アイソレータとダンパーの特性を十分に把握した上で使用することが重要となります。

　現在のところ一般の免震構造では鉛直方向に対する免震効果を期待していません。そのため、鉛直方向加速度は若干増幅することもあります。建物内部に精密機器や美術品などが存在するために、内部空間の高度な安定性が求められる場合には、鉛直方向だけ免震するような床免震などを追加する必要があります。

図 5-7-1　耐震構造と免震構造の揺れ方

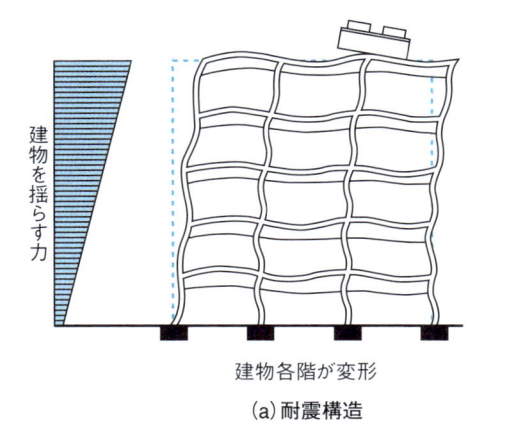

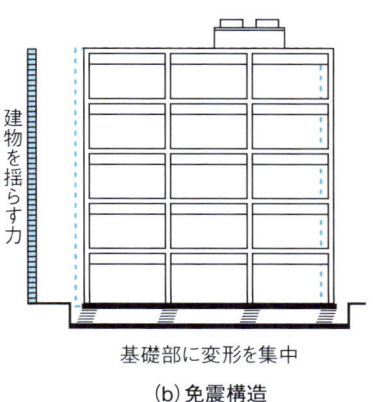

(a) 耐震構造　建物各階が変形

(b) 免震構造　基礎部に変形を集中

5-8 基礎免震と中間階免震

●免震層の位置

　免震建物の構造計画では、免震層をどこに置くか、すなわち、どの層で絶縁するのかが、免震構造の応答や経済性を含めて重要な検討課題となります。
　図5-8-1に、免震層の設置階の概念図を示します。
　地下階が無い、もしくは地下1階程度の建物であれば、同図の（a）の位置で建物全体を免震構造とすることが最も有効となります。地下階が深くなれば、建物が水平移動するためのクリアランスも深くする必要があります。クリアランスは、図5-8-2に示すように免震建物の水平移動を可能とする空間のことです。地表部分に免震層を設置すれば（図の（b）の位置）、地下階と地上階との移動手段（階段、エレベータなど）に工夫が必要となります。いずれにしても建物の用途、免震の効果、施工方法などを考慮して決定する必要があります。
　建物の中間階に免震層を設置したり、柱頭に直接積層ゴムを設置し、免震層を駐車場などとして利用したりすることもあります（図の（c）の位置）。柱頭に積層ゴムを設置する場合には、柱の曲げ変形により、積層ゴムに回転が発生する影響や火災に対する配慮が必要です。
　免震層の設置位置を上層階とした場合（図の（d）の位置）、免震層より下の構造との関係、免震層上部への入力地震動の影響など充分な検討が必要となります。この場合、免震構造というよりは、一種の制震構造と呼んだ方が適切な場合も見受けられます。

●免震建物での工夫

　水平クリアランスの大きさは、免震層の水平変形量の大きさに依存しています。建物平面形状が細長い場合には、建物端部でねじれ応答も考慮する必要があるでしょう。クリアランスの大きさは、免震層の設計変位の大きさや想定している地震動のレベルに基づいて決定することになります。クリアラ

ンス部分は、地震時には可動するため、この部分に人が近づかないようにしたり、物が置かれないようにしたりするなどの建築計画上の工夫も必要です。

　免震建物の性能を高めるためには、免震周期を伸ばすと同時に免震層の変形能力も高めることが必要となります。このためには、建物荷重を一つの柱にできるだけ集中させて、これを大きなサイズの積層ゴムで支持するのが効果的です。特に、上部構造が軽量な建築では、この点に対する配慮が欠かせません。このことを踏まえた上で免震建物の構造計画を行うことが重要となります。従来は、単に在来型の上部構造を免震層の上に載せただけという免震建物も見受けられました。これからは免震建物の特性を十分理解した上で高性能な免震建築が実現されることが望まれます。

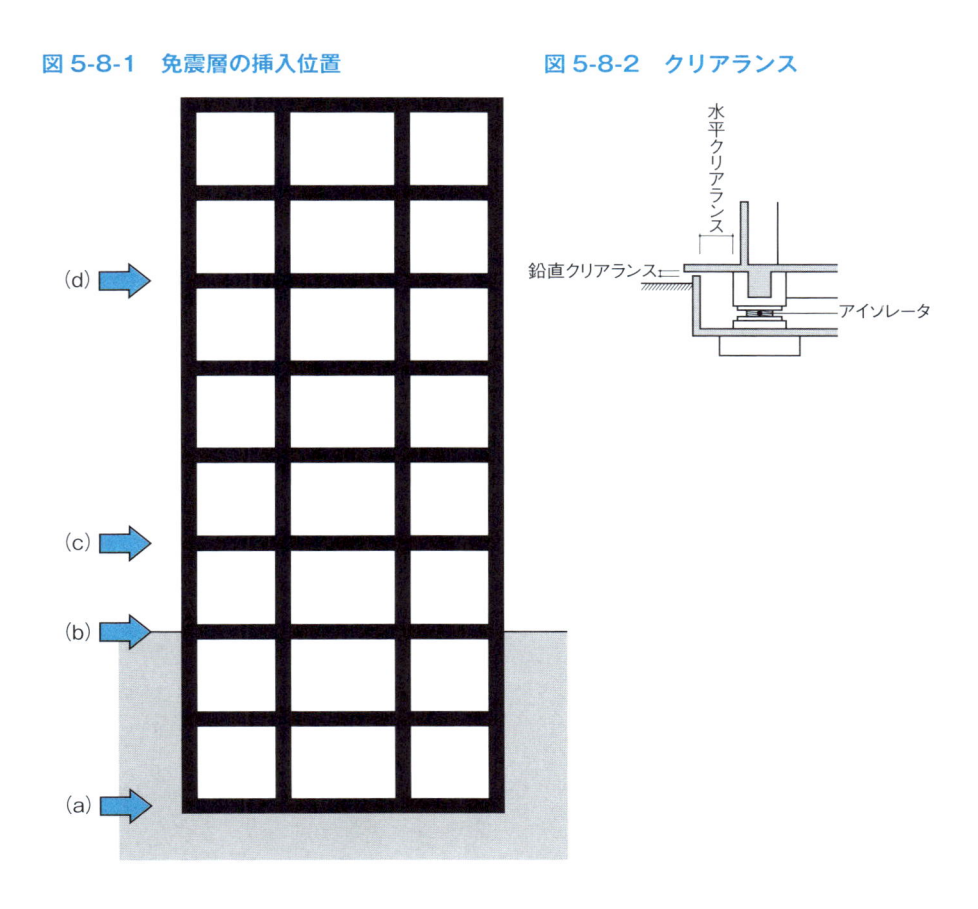

図 5-8-1　免震層の挿入位置

図 5-8-2　クリアランス

水平クリアランス
鉛直クリアランス
アイソレータ

5-9 免震建物の設計① 上部構造

●免震構造の構造計画・建築計画

積層ゴムアイソレータは基本的に建物の柱下に1体設置します。積層ゴムのサイズは支持荷重と必要な変形能力に基づいて決定されます。免震層の変形能力は最小径の積層ゴムで決定されるため、サイズに大きな差異が生じないように、建物の柱配置（アイソレータの軸力）などにも配慮した構造計画が重要となります（図5-9-1）。

ダンパーは免震層の応答変位をコントロールし、振動を早期に収束させるために必要となります。ダンパーの総量は地震応答解析結果などを参考に決定されます。建物の捩れ変形を抑制するために、建物の重心（地震力の作用中心）と免震層の剛心（抵抗力の中心）をできるだけ一致させるようにアイソレータやダンパーを配置することが有効です。

免震建物の建築計画では、建物周辺に免震層の応答変位に対応した敷地の余裕が必要となること、建物への出入り口や可動部分のディテール、および免震層上下階への移動方法などへの配慮が欠かせません（図5-9-2）。設備計画上は、ガス・電気・水道などの配管類が免震層の変形に追随できるディテールとする必要があります。また、免震層を駐車場などとして有効利用する場合には免震部材の耐火被覆が必要です。

●免震構造の上部構造設計

免震構造では上部構造は強度設計とします。すなわち、準静的に作用する水平力に対して上部構造は強度的に耐えればよく、従来の耐震設計で要求されるエネルギー吸収能力（靭性）確保のための制約条件からは解放されます。上部構造の設計用せん断力係数は、時刻歴応答解析結果などを参考にして決めることになりますが、免震構造の損傷確率は上部構造の耐力に敏感であるとの研究成果もあり、余裕を見込んだ設定が望まれます。

在来建物は耐震設計されることにより、地震荷重以外の荷重に対して余剰

の耐荷力が付与されることになりますが、免震構造では地震荷重以外の荷重が設計を支配することになります。この意味で免震建物においては、地震荷重以外の荷重に対する設計には、より慎重でなければならないといえるでしょう。

図 5-9-1　アイソレータとダンパーの設置数

アイソレータは、柱の下に1体ずつ設置。

ダンパーは、地震応答解析結果などを参考に総量を決定。

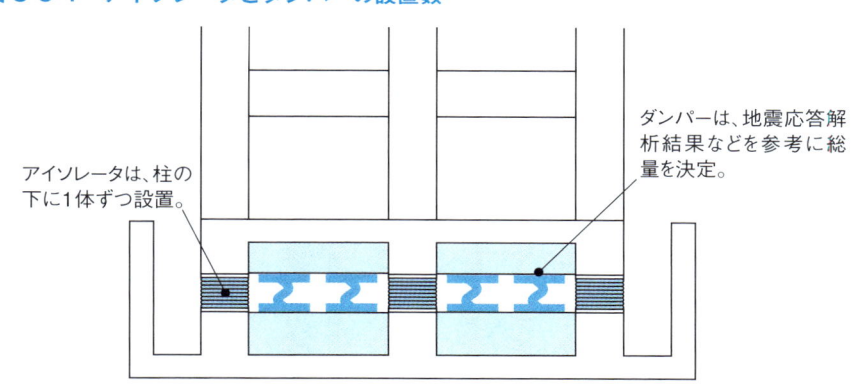

図 5-9-2　免震建築計画での注意点

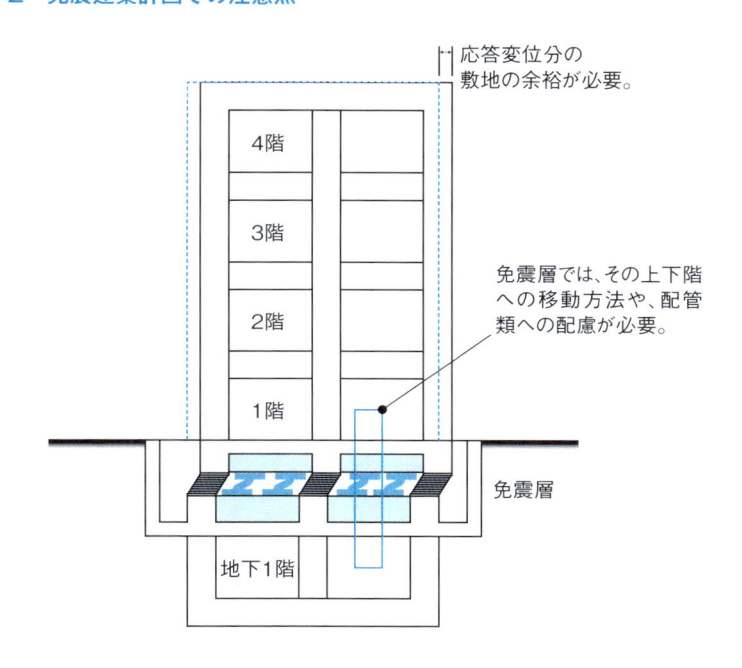

応答変位分の敷地の余裕が必要。

免震層では、その上下階への移動方法や、配管類への配慮が必要。

免震層

4階／3階／2階／1階／地下1階

5-10 免震建物の設計② 応答予測

●免震層の応答予測

　免震構造は免震層にエネルギー（変形）を集中させる明快な構造です。このため、地震により建物に入力された全てのエネルギーを免震層で吸収することになります。入力エネルギーと吸収エネルギーのバランスを考慮することで、免震層の応答変位や応答せん断力係数を予測する方法が確立されています。

　図5-10-1に、免震周期を4秒としたときの免震層の変形とせん断力係数の関係を示します。エネルギーの釣合に基づく方法では、最大変形が起こるまでにダンパーが最大変形下での履歴ループに換算して、2サイクル分のエネルギーを吸収すると想定しています。下に凸の曲線は地震入力エネルギー量が一定のときの関係であり、右上がりの直線はダンパーの降伏せん断力係数が一定のときの関係を示しています。入力エネルギーの大きさによりベースシア係数が極小となる変形量は変化するものの、地震入力エネルギー量の速度換算値が150cm/sでは20〜30cm程度、300cm/sでは40cm程度の変形となります。なお、免震周期が短くなれば、免震層の変形は小さくなるものの、ベースシア係数が上昇することになります。ベースシア係数が大きくなるということは、上部構造に作用する加速度やせん断力が増えるということを意味します。

　図5-10-2は、地震入力エネルギーの速度換算値を200cm/sと一定にしたときの関係図です。免震周期が長くなるにしたがって、ベースシア係数が小さくなることがわかります。また、ダンパーの降伏せん断力係数、すなわち減衰が小さいと免震層の変形は大きくなり、減衰が大きすぎると変形は小さくなるもののベースシア係数が急激に大きくなることもわかります。このように想定される入力地震動の大きさに対して、免震構造の応答を最小にするアイソレータの周期とダンパーの減衰量が存在することになります。

図 5-10-1　応答予測（免震周期 4 秒の場合）

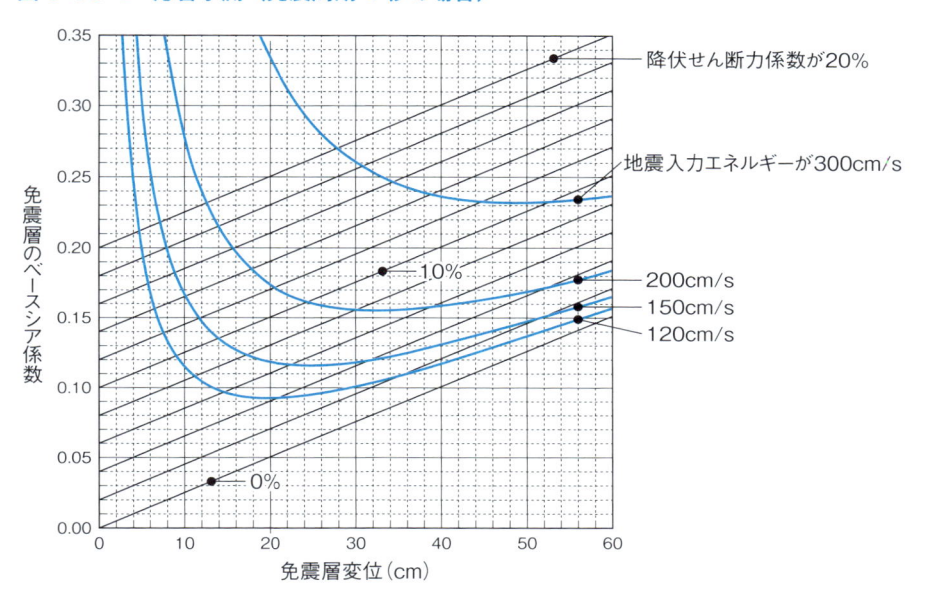

図 5-10-2　応答予測（地震入力エネルギーが 200cm/s の場合）

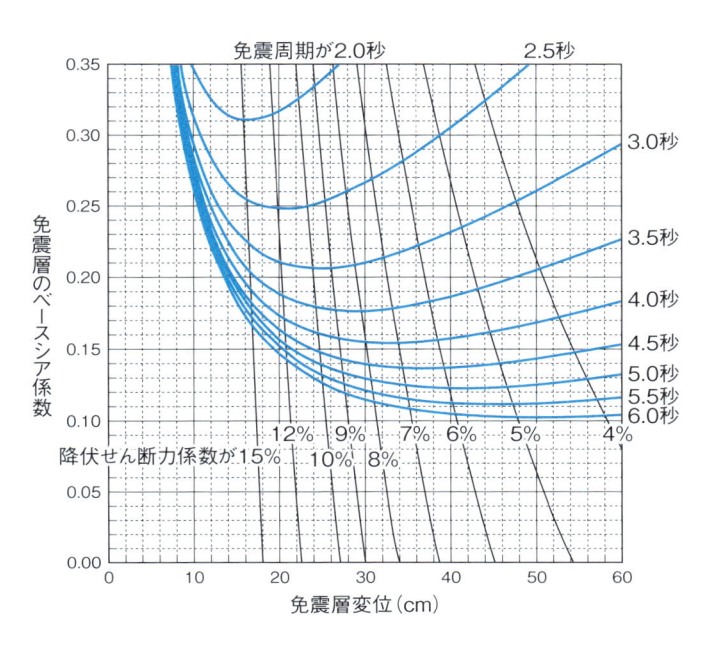

5-11 実建物での地震観測

●免震構造の観測値と耐震構造の観測値

　これまでの地震において、多くの免震建物で地震計による地震観測記録が得られています。最初に地震記録が得られたのは1995年の阪神・淡路大震災のときでした。免震建物では、基礎部での最大加速度が300gal程度であったのに対し、上部構造ではその1/3程度の応答でしかありませんでした。この前年のノースリッジ地震のとき、ロスアンジェルスにあったUSC病院（免震構造、地下1階、地上7階建て）でも優れた免震効果を発揮しました。水平最大加速度が基礎部で360galだったのに対し、上部構造では100〜130galでした。この地震およびその後の余震でも、高さ6〜7フィートの棚から花瓶やボトルなど何一つ落下しておらず、建物内の各種機器類にもなんら被害はなく、病院機能は完全に維持され、災害拠点としての役割を十分に果たしました。

　一方、オリーブビュー病院（耐震構造）は、1971年のサンフェルナンド地震において被害を受け、その10年後に敷地を移し、耐震強度を割り増して再建されていました。しかし、ノースリッジ地震の震源の北東15kmに位置した地上6階建てのこの病院では、1階での水平最大加速度が800gal、最上階では2260galに達しました。構造体はこの大きな地震力に耐えて、耐震壁にせん断亀裂が発生する程度に留まりましたが、設備機器類がダウンし、医療機器や家具が転倒、カルテなどの書類が落下・飛散しました。さらにスプリンクラー配管が破断して全館水浸しとなり、建物は使用不能となり、病院機能を完全に喪失したのです。

●免震効果の実例

　これ以降も、我が国では2004年新潟県中越地震、2005年福岡県西方沖地震、そして、2011年東北地方太平洋沖地震で地震観測記録が得られています。これらの観測記録をまとめたのが図5-11-1です。図の横軸は基礎部（免震層

の下）での最大加速度を、縦軸は免震層直上階での観測値（1FL）と最上階（または塔屋）での観測値を、基礎部での加速度で除した値（応答低減率）で描かれています。

基礎部での加速度が小さいときには、縦軸の応答倍率が1を超える場合もあります。基礎部での加速度が大きくなると免震効果が大きくなり、基礎部での加速度の1/2〜1/4程度の加速度応答となっています。免震効果をどの程度の加速度（入力地震動の大きさ）からどの程度発揮させるのかは、免震層や免震部材の設計に関係しています。もし耐震構造が同様の地震動を受けた場合には、基礎部での最大加速度に対して上部建物の加速度は2倍から3倍に増幅することになり、免震構造の応答は耐震構造に比べて最大1/10くらいに低減しているといえます。

免震建物の地震時応答を記録できるようにしておくことは、免震層の健全性を評価する上でも有効です。できるだけ多くの建物に地震計を設置し、地震観測が広がることが望ましいといえます。

図 5-11-1　免震建物での観測記録

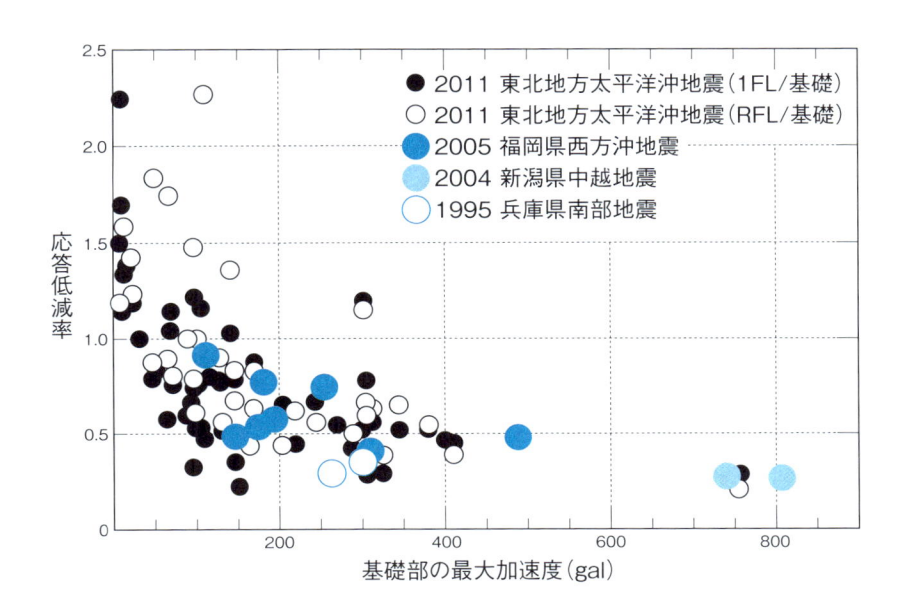

5-12 戸建て免震

●戸建て免震の種類と構造

　戸建て住宅用免震装置はビル用と同様に、積層ゴム系、転がり系、すべり系に分類できます。ただし、戸建て住宅は建物重量が通常のビルに比べ非常に小さいために、積層ゴム系装置を用いて十分な免震周期を得るには特段の工夫（多段積層ゴム、ドーナツ型積層ゴムなど）が必要となります。そのため、現状では転がり系・すべり系装置が用いられることがほとんどです。

　図5-12-1に、戸建て用免震システムの概要を示します。転がり系装置では、転がり部材をレールあるいは皿で支える構造をもち、転がり摩擦が小さくできます。復元力と減衰性能を付与するために、オイルダンパーや鉛プラグ挿入型積層ゴム、高減衰ゴム系積層ゴムを用いることもあります。すべり系装置では、ステンレス板または皿の上にPTFE（フッ素樹脂）などの摺動材が配置され、建物重量を支持すると同時に、摩擦により減衰性能を付与します。

　戸建て住宅の重量は軽いため、台風などによる風荷重が地震時のせん断力と同程度になることも多くあります。免震性能を高く保とうとすれば、台風などによる強風時に建物が揺れる恐れが生じます。そこで、強風に対してはトリガー機能、あるいは風用固定装置を設置するなど、必要に応じて判断することが求められます。免震装置の選定においては、以下の項目を確認する必要があります。

①**日常の風（再現期間1年以下程度）により知覚される振動発生の有無**
②**強風時に建物固定機能が働いているとき、地震が発生した場合の応答加速度**
③**変位について明らかにされていること**
④**建築物の固定および解除が確実に行われること。さらに、固定・解除が機能しない場合の建物への影響が明らかにされていること**

　戸建て住宅の免震性能は、ビル用と同様に免震装置の性能に支配されます。免震装置の選定にあたっては、上部構造の特性や想定する地震動レベルに応

じて適切に行われる必要があります。想定を超える地震動に対して、免震装置の破損、あるいは変形限界に達することも想定されます。変形限界を超えないようにするために、変位抑制機構（ストッパー）を設けることも考える必要があるでしょう。変位抑制機構が作動した場合には、上部構造に大きな加速度が伝達されることになります。そのような状態になった場合、上部構造にはどのような影響が現れるのかについても、設計時点で考慮される必要があります。

　免震装置がそれぞれの機能を発揮し、建物に設定した免震性能が発揮されるためには、各免震装置が一体となって変形することが不可欠です。そのため免震装置を固定する免震架台は、十分な剛性をもつ鉄筋コンクリート造や鉄骨造などで構成されることが必要です。

図 5-12-1　転がり系・すべり系装置の構造

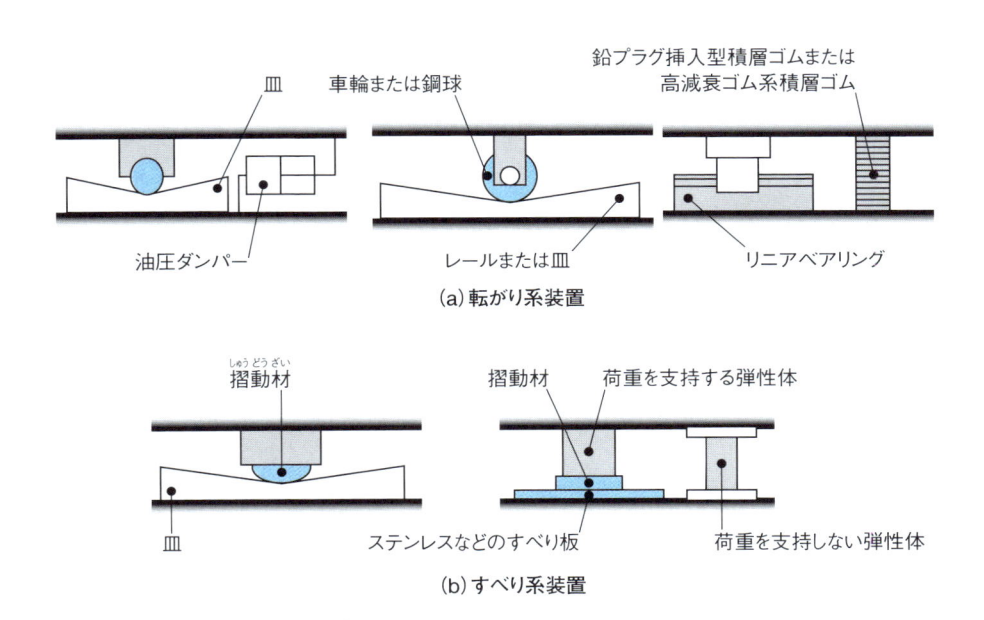

（a）転がり系装置

（b）すべり系装置

5-13 超高層免震

●高層化で免震層に働く力

　免震建物が高層化すると、いくら免震効果により上部構造に作用する地震力が低減しているとしても、建物の高さが高くなるにしたがって免震層に作用する転倒モーメント（＝ある階に作用している地震力×その階までの高さ）は大きくなります。免震層に働く転倒モーメントによって、積層ゴムなどのアイソレータには鉛直荷重（圧縮力と引張力）が付加されます。アイソレータは付加される圧縮力に十分耐えることが必要ですし、反対側のアイソレータには引張力が付加されます。付加される引張力が長期荷重以上であれば、アイソレータに引き抜き力が作用します（図5-13-1）。積層ゴムは引き抜き力に対してほとんど抵抗できませんので、できるだけ引き抜き力を作用させない構造計画が求められます。もし引き抜き力が許容値以下にならない場合には、引き抜き力が直接積層ゴムに伝わらないような工夫も必要でしょう。

　ただ、積層ゴムの引張変形能力は高いのですぐに破断するということはありません。

●高層免震建物の周期

　また、高層免震建物になると上部構造も柔らかく、上部構造が1質点とはみなせなくなり、地震時応答では高次モード応答の影響がはいってきます（2-9節）。本来、免震建物は上部構造が一体となって並進運動することが理想です。しかし、超高層免震建物では上部構造自体も柔らかいために、剛体並進運動にはなりません。それでも免震化することでさらに周期が伸びて、上部構造の地震力を低減できるのです。高層免震建物の地震時応答については、時刻歴応答計算によって確認をし、設計用として想定した地震動よりも大きな地震動に対する余裕がどれくらいあるかなど、設計クライテリアの設定に留意する必要があります。

●超高層建物の風荷重

　超高層建物に作用する風荷重は、建物の高さが高くなるにしたがって大きくなります（図5-13-2）。免震構造は地震に対しては効果を発揮しますが、風は上部構造に直接作用するため、低減することはありません。地震時にはできるだけ免震層の剛性を小さくして周期を伸ばすことが免震効果を高める上で有効ですが、強風時には免震層を硬くしておかないと免震層が大きく変形することになります。超高層免震建物の設計では地震時の性能と強風時の性能はトレードオフの関係にあります。高層免震建物の風荷重に対する設計には慎重な検討が求められます。

図5-13-1　アイソレータに働く力

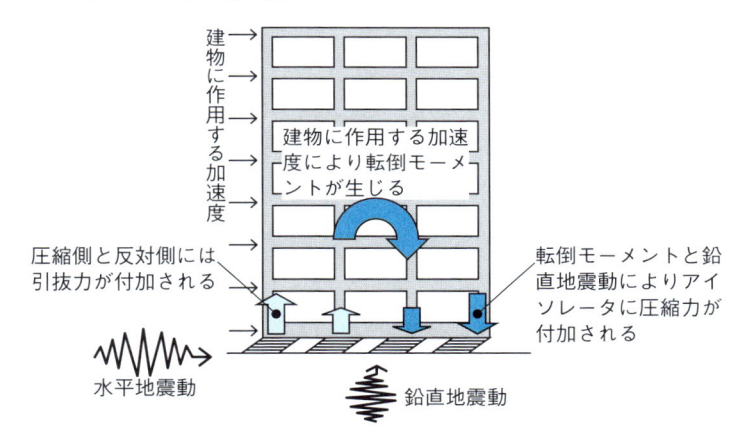

図5-13-2　免震建物に作用する地震荷重と風荷重

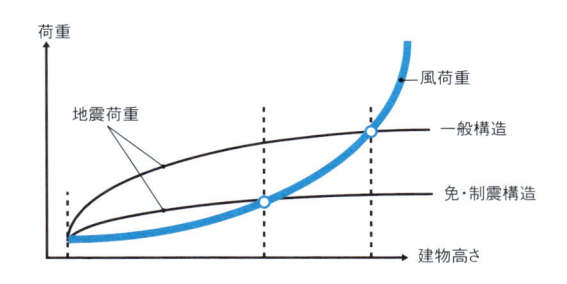

（「免震・制震構造の風外力に対するダンパーの損傷評価法 大林組技術研究所報、No.71、2007」をもとに作成）

5-14 3次元免震

●水平動と上下動

　地震動に対する構造物の安全対策としては、まず水平動を処理することが大切です。地震入力の大きさを測る物差しは、未だ明快になっていませんが、一応加速度で考えれば、水平動は鉛直動に比べて2〜3倍位大きいことは大方の共通認識でしょう。免震構造を採用した建物では水平方向加速度を1/2〜1/3に低下させることができます。現在のところ、免震構造では鉛直方向に対しては免震効果を期待していません。そのため、鉛直方向加速度は若干増幅しています。建物内部に精密機器や美術品などが存在するために、内部空間の高度な安定性が求められる場合には、鉛直方向だけ免震するような床免震など（水平加速度は十分小さくなっているので、その機構は単純なものですむでしょう）を追加することが求められます。

　建築構造物は、重力によって常時鉛直荷重1Gの加速度を受けており、これに鉛直方向の加速度が作用することになります。仮に上下動を0.3Gとすれば、上下動の方は1Gに対して1.3Gになるに過ぎません。一方、水平方向加速度は常時建物に作用しているわけではなく、地震発生とともに突如大きな加速度が作用するのです。したがって、建築構造の耐震構造安全の立場からは、水平動が問題で鉛直方向荷重としての上下動は無視し得るといえます。また、大きな鉛直方向加速度が入力された場合でも、積層ゴムの形状を適切に設計することで水平変形能力と荷重支持能力が維持され、建物の地震時安定性を確保することが可能です。

●3次元免震装置

　3次元免震装置は最近実用化され、3階建ての建物に適用されました（図5-14-1）。この建物を支持しているのは8台の3次元免震装置です。3次元免震装置（図5-14-2）は、下部に空気バネをもち、水平拘束のための鋼材を介して、水平免震のための積層ゴムが載っています。水平方向の減衰を確保す

るために、オイルダンパーも設置しています。空気バネは水平力を伝達できませんので、銀色の鋼製部材で水平力を伝達する仕組みになっています。これにより上下方向の免震周期は約1.3秒、水平方向は約3秒の免震建物が実現されています。

　上下方向に柔らかく支持しているため、地震時には建物全体が回転運動(ロッキング)しやすくなります。このロッキング運動を抑制するための油圧システムも組み込まれています。現在では空気バネの圧力に制約があり、高層建物に使用するのは難しいですが、より高圧の空気バネが使えるようになれば適用範囲は広がっていくでしょう。

図 5-14-1 3 次元免震建物「知粋館」

(提供：構造計画研究所)

図 5-14-2 3 次元免震装置

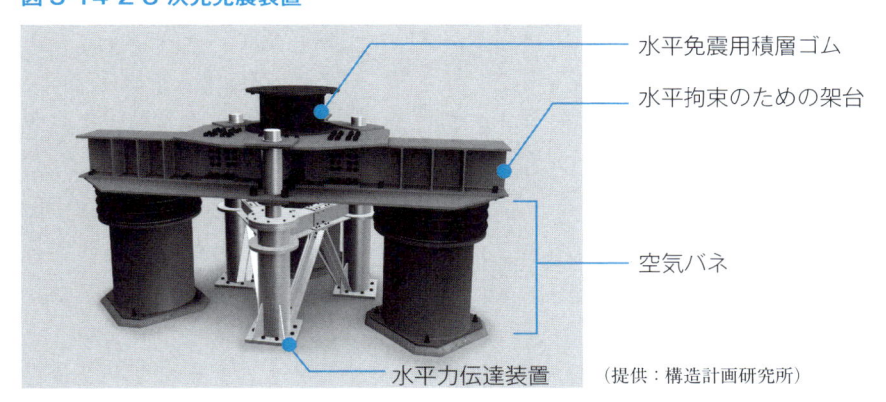

- 水平免震用積層ゴム
- 水平拘束のための架台
- 空気バネ
- 水平力伝達装置

(提供：構造計画研究所)

5・免震構造

5-15 免震レトロフィット

●免震レトロフィットの例

　建設当時は建築基準に適合していた建物も、建築基準が改定されると「既存不適格建築」といわれるようになります。特に古い建築基準にしたがって建設された建物は耐震性が低い場合があり、耐震改修・補強が求められます。通常、耐震補強は建物の耐力や粘り強さを高めることに主眼がおかれ、柱などの補強、耐震壁やブレースの設置が行われます。しかし、このような方法では建物の使い勝手が変わったり、建物を使い続けながらの補強工事が難しかったりするのが実状です。

　免震レトロフィットとは、既存建物に免震装置を組み込むことで、既存建物の耐震性を格段に向上させる手法です。免震レトロフィットの最初の事例は、アメリカのソルトレイク市庁舎（図5-15-1）やオークランド市庁舎などの歴史的建造物や文化的に価値の高い建物に適用されました。我が国では1995年の阪神・淡路大震災の後に、神社仏閣や歴史的建造物の改修に免震レトロフィットが使われ（図5-15-2など）、その後も適用範囲が拡大してきています。

●免震による耐震補強方法

　免震による耐震補強は、通常の補強方法に比べて直接工事にかかるコスト面などに若干不利な点もありますが、地上部分の補強がほとんど必要なく、オリジナルデザインを守ることができること、建物を使用しながら工事できるため、建物の機能を中断したり一時的に移転したりする必要がないこと、地震時の機能維持ができること、など大変有効な補強方法となっています。

　免震化の手順の一例を図5-15-3に示します。この図では基礎下免震の場合について説明しています。免震化の手順は、①床の撤去、②地盤の掘削、③鋼管杭による仮受け、④免震装置の取付、⑤鋼管杭の撤去、となります。

　免震装置を設置する部分の剛性や耐力を十分確保することが必要となりま

すし、施工中で免震化が終わっていないときに地震を受けた場合の地震力の伝達などにも配慮が必要です。工事中は基礎の沈下量、上部構造の鉛直変形などを管理することも必要でしょう。

図 5-15-1　ソルトレイク市庁舎

図 5-15-2　中之島公会堂

図 5-15-3　免震化工事の流れ

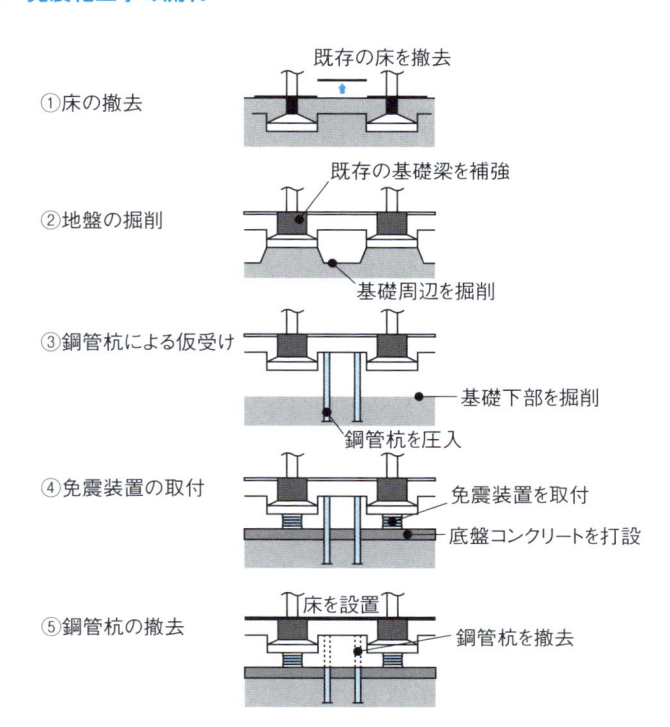

①床の撤去 — 既存の床を撤去

②地盤の掘削 — 既存の基礎梁を補強／基礎周辺を掘削

③鋼管杭による仮受け — 基礎下部を掘削／鋼管杭を圧入

④免震装置の取付 — 免震装置を取付／底盤コンクリートを打設

⑤鋼管杭の撤去 — 床を設置／鋼管杭を撤去

5-16 終局安全性

●免震構造設計における着目点

免震層には、積層ゴムやダンパーなどの免震部材が設置されます。当然ながら免震部材の設計と免震層周りの設計とは関連がでてきます。通常の構造設計では、構造部材に作用する応力に着目されますが、免震層あるいは免震部材の設計では、応力（度）よりも変形量（最大変形量、累積変形量など）が特に重要となります。

●免震構造の終局状態

図 5-16-1 は免震建物で想定される終局状態を示しています。通常の設計用入力地震動に対しては、このような状態に至らないと思われますが、想定を超えるような地震動に対しては、終局状態を想定し、それに至るまでの安全余裕度を把握しておくことは重要です。

免震部材、特にアイソレータ（積層ゴム）の変形能力はどれくらいか、水平剛性をどこまで柔らかくできるか、建物と敷地の関係などにより免震層の可動範囲（許容変形量、クリアランス）をどの程度確保できるのか、などが免震建物の性能を確保する上で重要となります。

免震層の終局限界としては、アイソレータの荷重支持限界（圧縮・引張）と水平変形限界、ダンパーのエネルギー吸収限界、クリアランスの消滅（擁壁への衝突）が想定されます。クリアランスの設定を除けば、いずれもアイソレータとダンパーの限界性能に関係しています。クリアランスの大きさは、アイソレータの水平変形能力（破断限界）よりも大きくするのか、破断するより前に衝突させるのかといった設計判断も求められます。

アイソレータの破断あるいは擁壁衝突に至るまでの入力レベルを把握することで、免震建物の安全余裕度を評価できます。ただし、衝突時には上部構造に大きな加速度が発生することになります。上部構造や基礎構造の塑性化を先行させることは、免震構造の目的からいって最後の選択肢とすべきで

しょう。

ただ、上部構造の強度を低く設計していると、想定以上の地震入力に対して、免震層のせん断力が増大し、上部構造が塑性化する可能性もあります。上部構造の強度の設定にはある程度余裕をもたせることが肝要です。

図 5-16-1　免震構造で想定される終局状態

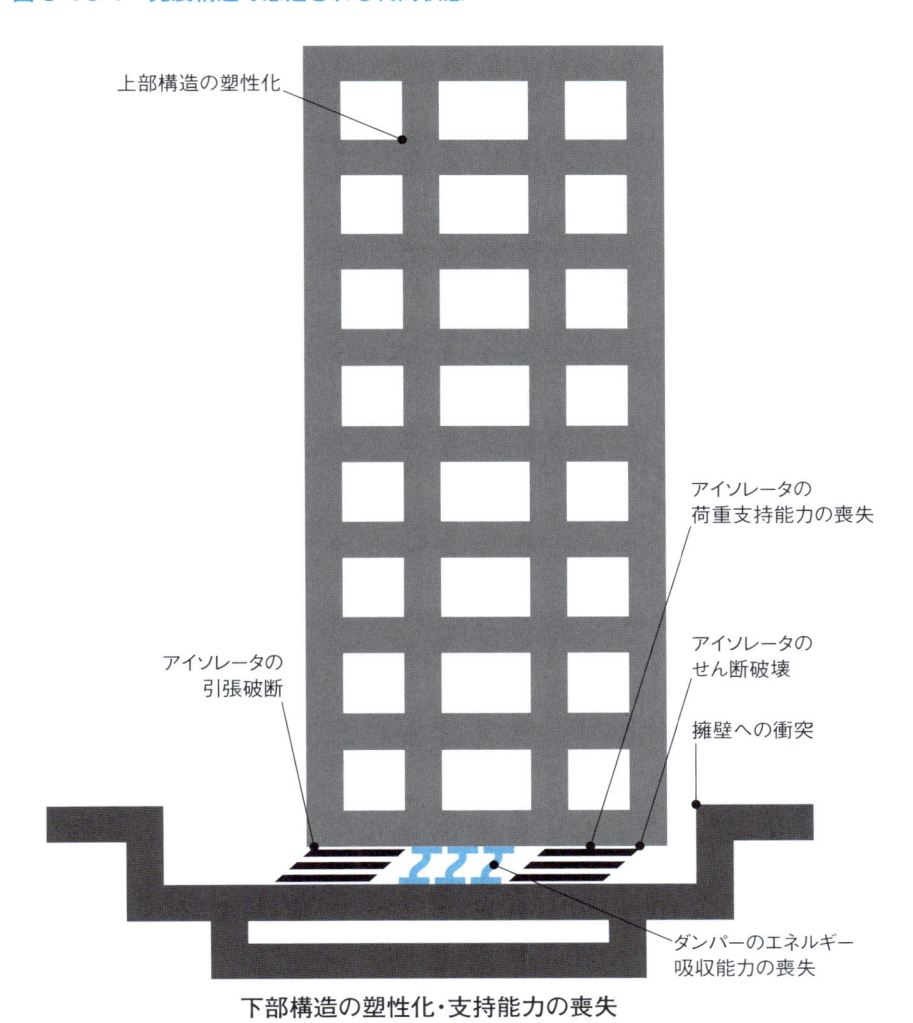

- 上部構造の塑性化
- アイソレータの荷重支持能力の喪失
- アイソレータのせん断破壊
- 擁壁への衝突
- アイソレータの引張破断
- ダンパーのエネルギー吸収能力の喪失

下部構造の塑性化・支持能力の喪失

5-17 施工と維持管理

●免震部材の検査

　免震建築物の施工にあたっては、免震構造の設計要求品質を十分に確保できるように免震部材などの品質確保、施工の品質確保をはかる必要があります。

　免震部材の製作管理にあたっては、設計図書などで規定された品質が確保できるように、製品検査や性能確認試験などで確認します（表5-17-1）。免震部材の品質は、力学特性（限界性能を含む）、性能のばらつき、耐久性などにより総合的に評価されるべきであり、単にカタログに示される性能が同一であるからといったことで評価されるべきではありません。同じゴム材料を使って、同種の製品を製作していても、実際にはゴムの配合や製造方法はメーカーごとに異なっているのが現実です。このような差異は限界性能や各種の依存性の評価でしか明らかとならないことが多いため、免震層に配置される全部材の水平剛性や降伏荷重など（全体の履歴特性）が同程度以上でありさえすれば、部材の組み合わせはコストが安い方が良いといった短絡的な考えは免震性能を正しく評価しているとはいえません。

　受入検査では、免震部材の材料検査、外観検査（有害な傷や変形などがないか）、寸法検査、性能検査、防錆検査などが書類上あるいは立ち会いのもと実施されます。寸法検査は直径、高さ、傾斜などが規定値内にはいっているかを確認します。特にアイソレータに鉄骨柱を直接建てる場合には、アイソレータの傾斜の大きさは厳密に管理されるべきです。逆に、柱の傾斜などにより積層ゴムに過大な曲げ変形が与えられると、性能低下の要因となるので施工にあたっては注意が必要です。

表 5-17-1　積層ゴムアイソレータの品質管理例

検査項目			検査頻度	判定基準	処置	管理区分 製作者	管理区分 施工者
材料検査	ゴム材料の物性検査	硬さ	1物件に1回以上	仕様に相違がないこと	材料の再製作	製作者自主検査	書類による審査
		引張応力					
		引張強さ					
		伸び					
	使用鋼材のミルシート		全数	仕様に相違がないこと	材料の再製作	書類による審査	書類による審査
	鉛や錫材料のミルシート		インゴット毎	仕様に相違がないこと	材料の再製作	書類による審査	書類による審査
外観検査	完成品の外観検査		全数	有害な傷や変形、塗装、めっきの浮き、剥がれがないこと	補修	自主製作検査	施工者立会検査 *2
寸法検査	製品高さ		全数	設計値±1.5%かつ±6mm	補修または再製作	製作者自主検査	施工者立会検査 *2
	フランジの傾き			フランジの外径の0.5%かつ3mm以内			
	ゴム部外径			設計値±0.5%かつ±4mm			
	フランジの外径			設計値±3mm			
	フランジのズレ			5mm以内			
	取付けボルト孔ピッチ			設計値±1.2mm			
	取付けボルト孔径			設計値±0.5mm			
防錆	塗装膜厚検査（電磁膜厚計などによる）		同一製品中50%以上	仕様に相違がないこと	補修	自主製作検査	施工者立会検査 *2
*1 性能検査	鉛直特性確認試験	鉛直剛性 Kv	全数	設計値±20%	再製作	製作者自主検査	施工者立会検査 *2
	水平特性確認試験	RB 水平剛性 Kh		設計値±20%			
		LRB 降伏後剛性 Kd		設計値±20%			
		SnRB 降伏荷重 Qd		設計値±20%			
		HDR 等価剛性 Keq / 等価減衰定数 Heq		設計値±20%			

RB: 天然ゴム系積層ゴム
LRB: 鉛プラグ入り積層ゴム
SnRB: 錫プラグ入り積層ゴム
HRD: 高減衰系積層ゴム

*1　性能検査での判定基準の±20%は最大値を示し、設計図書によるか、または工事監理者と協議のうえ、適切な値を設定する。

*2　一般的には抜取り検査で実施、抜取り数は工事監理者と協議。

※　判定基準については製作者が取得した認定による。

（一般社団法人日本免震構造協会の資料をもとに作成）

●免震層の施工

仮設計画では、施工中に受ける中小地震や風荷重により上部構造が水平移動することを考慮して、施工中に建物を水平方向に動かないように固定するか、水平方向への移動を許容するかを明確にしておくことが必要です。

免震層の施工にあたっては、アイソレータの下部ベースプレートの設置精度が、それ以降の免震部材の設置精度ならびに躯体精度に大きく影響するため重要となります（図5-17-1）。施工時の水平精度の管理値としては、構造種別などによっても変動するものの1/400〜1/1000、位置精度は±3〜5mmなどとなっているようです。免震部材をベースプレートに設置する際には、固定ボルトがきちんと締結されていることを確認します。

●免震建物の竣工

竣工時には、免震建物として機能を果たせることを確認するために竣工時検査を実施し、記録を所有者や監理者に提出するとともに保管しておくことが大切です。竣工時検査では水平クリアランス、鉛直クリアランス、免震部材の位置、傾斜などの初期値を計測しておきます。なお、建物規模が大きい場合、コンクリートの乾燥収縮により積層ゴムが建物の中心に向かって水平変形することがあります。コンクリートの打設順序を工夫するなどの対策を行っても完全には防ぐことは難しいので、乾燥収縮による水平移動を予測し、免震建物としての性能（水平剛性、降伏荷重、限界変形能力など）に影響がないことを確認しておく必要があります。

●免震建物の性能維持

免震建物の性能を維持するためには、免震部材、免震層・建物外周部、設備配管などについて点検が必要です。維持管理の体制は、建築主、建物管理者、設計者、施工者の間で事前に協議されるべきです。通常は建物管理人が目視により免震部材や免震層まわりに異常がないかを確認する程度で十分です。設備工事や建物周辺工事にともない配管の変形能力やクリアランス（建物の水平移動）を拘束することが無いような配慮が必要です。大きな地震や火災、浸水などが発生した後には専門家による検査が必要でしょう。このと

き、検査すべき項目や取り替えのための基準や体制なども、予め決めておくことが望まれます。

　2011年3月11日に発生した東日本大震災において、ほとんどの免震建物は効果を発揮しました。しかし、免震層のクリアランスにあるエキスパンションジョイントがうまく変形せず、損傷したり残留変形が残った事例がありました。エキスパンションジョイントの作動性や不具合時の対処について事前に検討しておくことが必要でしょう。

図 5-17-1 免震層の施工例
（a）積層ゴムのベースプレート

（b）積層ゴムと鉛ダンパーの設置

5-18 津波と免震

●津波の荷重

2011年3月11日の東日本大震災による人的被害と建物被害は大部分が津波によるものでした。津波にのみこまれた木造住宅は基礎の上から完全に流され、鉄筋コンクリートの建物でも転倒したり流されたものもありました。津波の破壊力を再認識することになりました。

津波による荷重は、図5-18-1に示すように3角形分布の波圧が作用するとして、計算することが提案されています。津波の波圧の作用する高さは、津波深さhに水深係数aを乗じて算出することになっています。水深係数aは、海岸からの距離や津波の遮蔽物がある場合などによって異なりますが、係数aは3.0、2.0、1.5を使うようになっています。

●免震層に作用する津波荷重

この津波荷重を計算する方法がそのまま免震構造にも適用できるものとして、免震層に作用する津波荷重を求めてみました。図5-18-2に、浸水深さと津波荷重を建物重量で割って求めたせん断力係数の関係を示します。想定した建物は高さ60mで、幅と奥行きは40mとしています。どっしりとした建物で均等な建物です。津波の浸水深さを5、10、15mの3通りとして計算してみました。水深係数aのとり方で結果には大きな差がでてきますが、浸水深さが大きくなるにしたがって、免震層に作用する津波荷重は大きくなっています。

通常、免震建物が大地震を受けるとき、免震層のせん断力係数は0.1程度となります。そうすると、浸水深さ5mで水深係数a=3の場合には、大地震時のせん断力に相当する力が作用することになり、免震層は大きく変形することが予想されます。水深係数が2以下の場合には、それほど大きな変形は生じないようです。

免震構造は免震層が上部構造に比べて柔らかいため、津波を受けると免震

層が変形することが予想されます。東日本大震災のとき、津波（高さ4mほど）を受けた免震建物は特に異常はなかったとの報告もあります。津波に対して免震建物の安全性を確保するためにも、免震建物に対する津波波力の算定、津波襲来時の免震建物の挙動について、研究をすすめていく必要があります。

図 5-18-1　津波荷重計算の考え方

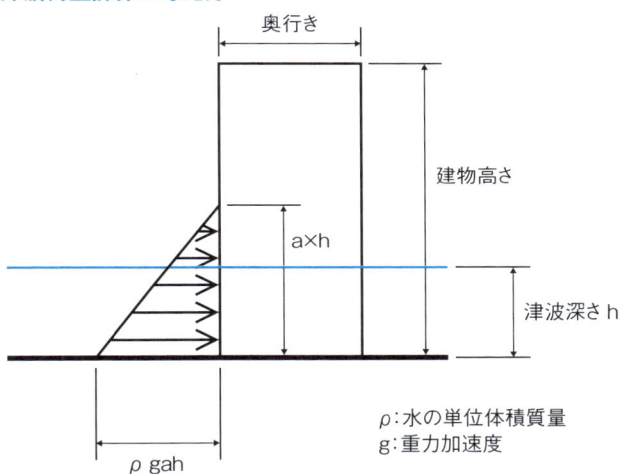

ρ：水の単位体積質量
g：重力加速度

図 5-18-2　津波深さとせん断力係数の関係

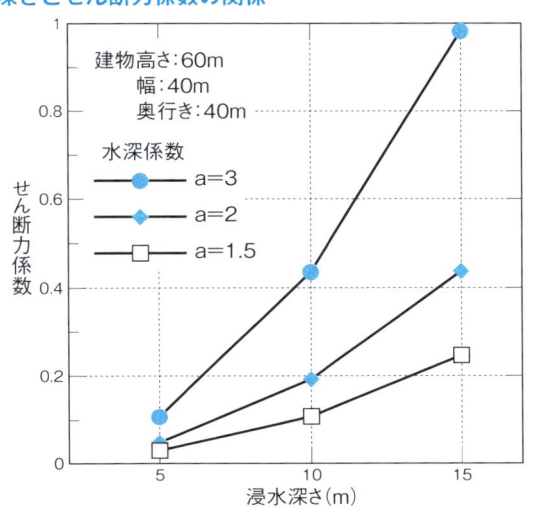

建物高さ：60m
幅：40m
奥行き：40m

水深係数
- a=3
- a=2
- a=1.5

用語索引

英字

1次形状係数 S_1 ……………………… 128
1次診断法…………………………… 84, 85
2次形状係数 S_2 ……………… 128, 129
2次診断法…………………………… 84, 85
3次元免震装置………………… 158, 159
3次診断法…………………………… 84, 85
Ai 分布……………………………… 44, 45
CFT（Concrete Filled Tube）78, 79
E-ディフェンス …………………………… 66

ア行

アーク溶接………………………… 82, 83
アイソレータ… 134, 135, 142, 144, 145,
　　147, 148, 149, 150, 156, 157, 162, 163,
　　164, 166
アクティブ制震…… 95, 98, 99, 100, 101,
　　102, 104, 105, 106, 118
アクティブ同調型マスダンパー（ATMD）
　　……………………………… 102, 104, 105
アクティブマスダンパー（AMD）… 102,
　　103, 106, 107, 117
あばら筋……………………… 35, 76, 77
一般診断法………………………… 84, 85
エネルギー一定則……………………… 49

エネルギースペクトル……………… 56, 57
エンジニアードウッド……………… 74
オイルダンパー…………………………
　　86, 98, 99, 100, 109, 112, 113, 114, 120,
　　142, 143, 154, 159
応答スペクトル…………………… 54, 55
応力度……………………………… 32
沖積層……………………………… 26, 28
帯筋……………………… 35, 68, 76, 77

カ行

風荷重……………………………… 157
活断層……………………… 12, 13, 15, 24
壁型粘性ダンパー……………… 110, 111
壁式構造…………………………… 74
簡易診断法………………………… 84, 85
基礎免震……………………… 86, 87, 146
許容応力度…………………… 32, 34, 48
距離減衰…………………………… 22
クリアランス… 146, 147, 162, 166, 167
高減衰ゴム系積層ゴム… 130, 131, 135,
　　136, 137, 154, 155
鋼構造（鉄骨造）…………………………
　　50, 68, 72, 73, 74, 78, 80, 82, 84, 155
鋼材ダンパー………… 86, 108, 142, 143
剛すべり支承……………………… 138

洪積層……………………………… 26
剛接構造…………………………… 69
高層建物（高層建築物）……………
　　　　　　　34, 52, 70, 73, 80, 122
剛体並進運動……………… 144, 156
綱棒ダンパー……………………… 142
高力ボルト…………………… 82, 83
五重塔……………………………… 92
戸建て免震………………………… 154
固有周期… 22, 44, 45, 50, 52, 54, 55, 56,
　　　　57, 62, 64, 65, 94, 102, 120, 144
固有振動モード…………… 50, 51, 52, 62
転がり支承………………… 135, 138

サ行

在来軸組構造……………………… 74, 75
座屈… 68, 78, 79, 80, 81, 108, 110, 134
座屈拘束ブレース（筋かい）………
　　　　　　　　99, 108, 110, 111, 120
地震荷重……… 44, 46, 60, 148, 149, 157
地震危険度………………………… 24
地震地域係数……………………… 44
地震動…… 12, 18, 20, 21, 22, 24, 25, 26,
27, 28, 30, 36, 37, 38, 44, 50, 54, 56, 57,
　　　　　　　134, 141, 155, 158, 162
地震波………………………………
　16, 18, 19, 21, 26, 27, 28, 42, 52, 54, 55,
　　　　　　　　　　　　62, 90, 94
地震ハザード曲線………………… 24, 25

地震モーメント…………………… 16
システム同定……………… 118, 119
実体波………………………… 18, 19
柔剛論争………………… 122, 124
主筋…………………… 35, 76, 77
震央……………………… 22, 23, 24
震央距離………………… 22, 23
震源距離……………… 22, 23, 24
震源深さ………………… 22, 23
新耐震設計法…… 33, 34, 35, 42, 96, 125
振動特性係数…………… 44, 45, 62
振動モデル……………… 50, 51
震度階………………… 16, 17, 32
震度法………………… 32, 42
スーパーフレーム構造………… 88, 89
筋かい型粘性ダンパー………… 110, 111
すべり支承……………… 135, 138
スロッシングダンパー……………
　　　　　98, 99, 100, 101, 103, 118
制振………………………………… 94
制振ダンパー……………… 88, 91
性能設計…………………………… 40
精密診断法………………… 84, 85
積層ゴム… 98, 128, 129, 130, 131, 132,
　　　133, 134, 135, 136, 138, 146, 147, 148,
　　　　　　156, 158, 162, 164, 166, 167
積層ゴムアイソレータ…… 126, 148, 165
設計震度…………………………… 42
セミアクティブ制震…… 98, 99, 112, 114

セミアクティブ制震用オイルダンパー……
　　　　　　　　　　　112, 114, 115
前震………………………… 18, 19, 30
せん断補強筋……………… 35, 76, 77
層間ダンパー……………………… 100
層せん断力係数……… 42, 43, 44, 45, 48

タ行

耐震改修………………… 84, 86, 160
耐震診断………………… 35, 84, 85
耐震性能メニュー………………… 40, 41
縦波（P波）……………………… 18, 19
弾性すべり支承…………… 138, 139, 142
弾塑性ダンパー…………………… 108
ダンパー……………………………
　36, 37, 70, 86, 90, 98, 99, 100, 101, 102,
　103, 104, 108, 109, 110, 112, 114, 115,
　116, 135, 136, 140, 141, 142, 144, 145,
　　　　　　　148, 149, 150, 162, 163
地下逸散減衰…………………… 64, 65
中間層免震（中間階免震）……… 87, 146
チューブ構造…………………… 88, 89
超高層建物（超高層建築）22, 23, 36, 54,
　72, 78, 88, 89, 90, 91, 95, 102, 125, 144,
　　　　　　　　　　　　　　　　157
超高層免震……………………… 156
長周期地震動… 22, 23, 36, 55, 57, 90, 91
直動転がり支承………………… 138, 139
津波荷重………………………… 168

鉄筋コンクリート構造（造）………
　34, 35, 50, 58, 68, 72, 73, 74, 75, 76, 77,
　　　　　　　　　　78, 84, 87, 155
転倒モーメント…………… 134, 156, 157
天然ゴム系積層ゴム…131, 135, 136, 137
同調型液体ダンパー（TLD）……… 103
同調型マスダンパー（TMD）… 102, 103,
　　　　　　　　　　　　　104, 105
東北地方太平洋沖地震………………
　12, 16, 26, 30, 33, 35, 57, 90, 96, 110,
　　　　　　　　　111, 119, 120, 152

ナ行

鉛ダンパー…………108, 142, 143, 167
鉛プラグ挿入型積層ゴム………………
　　　　130, 131, 135, 136, 137, 154, 155
入力損失効果………………… 64, 65
粘性ダンパー　98, 99, 100, 109, 110, 120
粘弾性ダンパー 86, 98, 99, 100, 109, 142

ハ行

ハイブリッド構造………………… 78, 79
ハイブリッドマスダンパー（HMD）……
　　　　　　　　　　　　　　　102
パッシブ制震………………………
　95, 98, 99, 100, 102, 103, 104, 105, 108,
　　　　　　　　　　　110, 116, 120
ハットトラス…………………… 88, 89
阪神・淡路大震災………………………

　　　　　14, 35, 58, 66, 84, 125, 152, 160
東日本大震災……　35, 63, 167, 168, 169
非構造部材………………………… 38, 59
兵庫県南部地震… 12, 13, 15, 20, 21, 26,
30, 33, 35, 40, 54, 55, 57, 62, 66, 84, 96
標準せん断力係数………………………… 45
表面波……………………………… 18, 19, 23
複合型アイソレータ………………… 142
ブレース構造…………………………… 70, 71
プレートテクトニクス（論）…… 10, 11
プレストレストコンクリート構造 78, 79
ベースシア係数………43, 45, 60, 61, 150
ベルトトラス…………………………… 88, 89
ボルト接合…………………………………… 82
本震……………………………… 18, 19, 30

マ行

マグニチュード……… 16, 18, 22, 24, 90
摩擦ダンパー………………………………
　　　　　　98, 99, 100, 108, 109, 142
マスダンパー………………………………
98, 99, 100, 101, 102, 104, 116, 118, 119
免震レトロフィット………………… 160
木質構造（木造、木構造）………………
　　　　　58, 68, 72, 73, 74, 84, 86, 87

ヤ行

有効支持部……………………………… 133
横波（S波） ……………………… 18, 19

余震……………………………………… 18, 19

ラ行

ラーメン構造………… 69, 70, 71, 74, 80
履歴型ダンパー… 98, 99, 100, 108, 109,
　　　　　　　　　　　　　　110, 120

ワ行

枠組壁構造……………………………… 74, 75

■写真提供
北淡震災記念公園
地震調査研究推進本部
新日鉄住金エンジニアリング株式会社
オイレス工業株式会社
カヤバシステムマシナリー株式会社
構造計画研究所

■参考文献・引用文献
『地震に強い建物』　安震技術研究会　ナツメ社
『平成24年　理科年表』　国立天文台　丸善出版
『建物と地盤の動的相互作用を考慮した応答分析と耐震設計』　日本建築学会
「安心できる建物をつくるために」　日本建築構造技術者協会
『建築の耐震・耐風入門—地震と風を考える』　金田勝徳、田村和夫、和田章、関松太郎、野路利幸　彰国社
『既存鉄筋コンクリート造建築物の耐震診断基準』　日本建築防災協会
『木造住宅の耐震診断と補強方法』　日本建築防災協会
『五重塔のはなし』　濱島士、坂本功　建築資料研究社
『五重塔はなぜ倒れないか』　上田篤　新潮社
「Active Mass Driver System as the First Application of Active Structural Control, Special Issue on "Practical Applications of Active or Semi-active Structural Control Systems to Actual Civil Engineering Structures", Earthquake Engineering & Structural Dynamics, Vol.30, No.11, pp.1575-1595, 2001年11月」　Y. Ikedaほか
「Active and Semi-active Vibration Control of Buildings in Japan -Practical Applications and Verification-, Structural Control and Health Monitoring, Vol.16, No.7-8, pp.703-723, 2009年11・12月」　Y. Ikeda
オイレス工業株式会社のホームページ：建築用製品（免震・制振）http://www.oiles.co.jp/building/top.html
新日本エンジニアリングのホームページ：免制震デバイス http://www.nsec-steelstructures.jp/base_isolation/
「応答制御建築物調査委員会報告書，2012年1月」　日本免震構造協会
「東北地方太平洋沖地震における超高層制振建物の地震応答評価（その2）強震観測記録を用いた超高層制振建物の地震応答解析, 日本建築学会大会学術講演梗概集, 構造II, pp.318-319, 2011年8月」　元樋敏也ほか
『アクティブ・セミアクティブ振動制御技術の現状』　日本建築学会

「Control Effect of Hydraulic Dampers Installed in High-rise Building Observed during Earthquakes, Proceedings of the 8th World Congress on Council on Tall Buildings and Urban Habitat 2008, pp.529-535, 2008年」K. Shimizu ほか
『日本建築構造基準変遷史』 大橋雄二 日本建築センター
「免震・制震構造の風外力に対するダンパーの損傷評価法 大林組技術研究所報、No.71、2007」
『JSSI 免震構造施行標準2009』 日本免震構造協会

■執筆担当
髙山峯夫
福岡大学 工学部 建築学科 教授、工学博士。
主な共著に『4秒免震への道—免震構造設計マニュアル』(理工図書)、『免震構造設計指針』(日本建築学会)などがある。
【執筆担当：第1章、第2章、第5章】

田村和夫
千葉工業大学 工学部 建築都市環境学科 教授、博士(工学)。
主な共著に『地震に強い建物』(ナツメ社)、『建築の耐震・耐風入門—地震と風を考える』(彰国社)などがある。
【執筆担当：第3章、第3章のコラム】

池田芳樹
鹿島建設株式会社 建築設計本部 構造設計統括グループ チーフエンジニア、博士(工学)。
主な共著に『アクティブ・セミアクティブ振動制御技術の現状』(日本建築学会)、『建築構造物の振動制御入門』(日本建築学会)などがある。
【執筆担当：第4章、第1章のコラム、第2章のコラム、第4章のコラム、】

●装　　　丁　　中村友和（ROVARIS）
●作図＆イラスト　株式会社 千秋社
●編　集＆DTP　　ジーグレイプ株式会社

しくみ図解シリーズ
耐震・制震・免震が一番わかる

2012年11月25日　初版　第1刷発行
2017年 7月 7日　初版　第2刷発行

著　　者　　髙山峯夫、田村和夫、池田芳樹
発 行 者　　片岡　巌
発 行 所　　株式会社技術評論社
　　　　　　東京都新宿区市谷左内 21-13
　　　　　　電話
　　　　　　03-3513-6150　販売促進部
　　　　　　03-3267-2270　書籍編集部
印刷／製本　株式会社加藤文明社

定価はカバーに表示してあります

本書の一部または全部を著作権法の定める範囲を超え、無断で複写、複製、転載、テープ化、ファイル化することを禁じます。

©2012　髙山峯夫、田村和夫、池田芳樹

造本には細心の注意を払っておりますが、万一、乱丁（ページの乱れ）や落丁（ページの抜け）がございましたら、小社販売促進部までお送りください。送料小社負担にてお取り替えいたします。

ISBN978-4-7741-5342-1　C3052

Printed in Japan

本書の内容に関するご質問は、下記の宛先まで書面にてお送りください。お電話によるご質問および本書に記載されている内容以外のご質問には、一切お答えできません。あらかじめご了承ください。

〒162-0846
新宿区市谷左内町 21-13
株式会社技術評論社　書籍編集部
「しくみ図解シリーズ」係
FAX：03-3267-2269